Você é um pequeno fragmento do
universo, mas o fenômeno
mais raro que existe nele.
Um ser vivo que pensa, que se
movimenta e que age segundo suas
próprias decisões.
Que faz o que quer, se quer e
quando quer.
Você é mais poderoso do que
qualquer astro ou estrela
porque só você tem
vontade própria.
Use-a para comandar seu destino.

Outras obras do autor :

Qualidade Total - Rompendo as barreiras entre a Teoria e a Prática (Makron Books)
Dominando os Poderes da Mente (Makron Books)
Qualidade Total - 100 gotas de Sabedoria (Makron Books)
Além da Inteligência Emocional (Editora Campus)
Marketing do Varejo e Alianças Estratégicas com a Indústria (Qualitymark Editora)
Você vende para as Lojas ou através das Lojas? (BookMídia)
Inteligência Total na Empresa (Editora Campus)
Estratégias e Técnicas Avançadas de Negociação e Vendas (BookMidia)
Marketing Voltado para o Turismo (BookMídia)
Como Montar e Gerir uma Pousada (BookMídia)

Roberto Lira Miranda

A Era do Talento

BookMidia
Editora

Editor:
Roberto Lira Miranda

Revisão Técnica e de Textos:
Maria do Carmo de Ávila Miranda
Bacharel em Psicologia / USP e Psicóloga / PUC

Produção gráfica
Equipe BookMídia

Dados internacionais de catalogação na Publicação (CIP)
(Câmara Brasileira do Livro, SP, Brasil)

Miranda, Roberto Lira
A era do Talento / Roberto Lira Miranda – São Paulo
BookMídia, 2004
Bibliografia: 1. Aptidão 2. Sucesso I. Título
ISBN 85-904570-4-4

Indices para catálogo sistemático:
1. Talentos: Utilização: Psicologia Aplicada

BookMídia Editora
Rua Cubatão, 929 / 1º and. / 04013-043 / São Paulo
Tel. (11) 5081.7991 (PABX) bookmidia@uol.com.br

Índice

Durante os últimos dois séculos
o conhecimento sobrepujou o talento
como
diferencial competitivo,
entre os homens.
Logo que o conhecimento
esteja ao alcance de todos, o talento
voltará a assumir seu lugar.

A explosão do conhecimento na era da informação

Antigamente o conhecimento era uma jóia extremamente rara.

Antes da invenção da imprensa, todo o conhecimento acumulado pela humanidade, e mesmo pequenas porções desse conhecimento, estavam à disposição apenas das raras pessoas das classes dominantes que tinham acesso a manuscritos ou mestres.

Isso ocorreu durante toda a antigüidade clássica e durante toda a idade média e grande parte da moderna – mais de sete mil anos.

Quando Guttemberg inventou o tipo móvel que deu origem à imprensa, há pouco mais de 500 anos, a absoluta maioria das pessoas ainda não sabia ler e nem podia tirar proveito dos livros ou dos jornais que puderam se multiplicar.

No início do terceiro milênio, ainda convivemos com pessoas que foram contemporâneas da invenção do rádio, da fotografia e do cinema.

Hoje, nós temos a televisão, a transmissão de dados e informações por satélite, o computador e a Internet.

A informação circula em volumes e velocidades antes inimagináveis. A informação e o conhecimento chegam a mais pessoas, mais rapidamente, em condições de assumir o status de domínio público.

Há menos de cinqüenta anos as escolas superiores e as universidades se contavam nos dedos. E mesmo as escolas primárias e os colégios não tinham a pretensão de atender mais do que vinte ou trinta por cento da população.

As profissões amparadas por formação escolar eram restritas.

Você podia ser médico, dentista, advogado, professor, engenheiro (em algumas poucas especialidades) agrônomo, veterinário, contador e algumas outras – poucas – coisas.

Quem tinha um diploma tinha um seguro de vida e emprego.

Há menos de cinqüenta anos surgiram as primeiras escolas de administração de negócios, jornalismo, comunicação social.

Hoje elas são centenas, disputando acirradamente a preferência dos alunos. E já graduam profissionais em número superior à demanda do mercado, em muitos setores.

Quem tem um diploma pode candidatar-se. Mas não tem mais a garantia, nem de carreira, nem de emprego.

O que vai acontecer, daqui para a frente?

Os sinais já estão todos colocados para quem quiser ver: cursos de pós-graduação – *lato-sensu* e *stricto-sensu* – em todas as faculdades. Mestrados, doutorados, programas de extensão e especialização. Com ou sem vestibular.

Cursos que duravam quatro anos, realizados em dois anos.

Módulos de especialização completados em seis meses.

Cursos com freqüência quase livre, em dezenas de Faculdades e Universidades.

Em algumas especializações os cursos com quatro ou mais anos de duração desaparecerão simplesmente porque o que tenha sido aprendido nos primeiros anos estará desatualizado no fim do curso.

Niguém mais poderá dizer: "Já conclui meus estudos. Estou formado".

Estaremos todos, o tempo todo, em formação contínua.

Teremos mais e mais cursos de fim de semana, por correspondência, por rádio e TV, TV interativa e Internet.

Curso de graduação, pós-gradução e mestrados realizados à distância (ead) pela Internet

Quem sabe, um curso completo de engenharia em CD ROM.

Quem sabe, cursos completos de quase tudo em CDROM.

Você ainda vai ver este anúncio:

"Conhecimento e informação à disposição de todos. Compre no supermercado da esquina. Receba seu diploma pela Internet e imprima em sua própria *HP*".

O supermercado só não vai vender empregos.

E o número de pessoas qualificadas para disputar os empregos será muito maior.

A diferença entre essas pessoas, e as oportunidades que

elas encontrarão, estarão muito mais ligadas à diversidade de seu conhecimento, à sua versatilidade e à capacidade de usar melhor seus conhecimentos.

A era da especialização cederá lugar à era do talento.

No fundo, nunca foi diferente. As pessoas mais talentosas, em quaisquer áreas, sempre conseguiram muito melhores resultados em seu trabalho, nos negócios e na vida do que as simplesmente melhor informadas.

No entanto, o que a sociedade e as organizações procuravam, em primeiro lugar, era a formação escolar ou a posse de informação.

No mercado de trabalho, você tinha de conseguir o emprego muito antes de poder demonstrar seus talentos. E, na maior parte das vezes, só podia conseguir o emprego documentando seus conhecimentos.

O que muda, nesse quadro, é que cada vez mais um número maior de pessoas terá condições de documentar, com mais diplomas e certificados, seus conhecimentos.

Isso fará com que o diferencial competitivo derive para a maior "prontidão" para o uso do conhecimento.

As empresas já utilizam, há muito tempo, para seleção profissional, os testes psicotécnicos dos mais variados tipos.

No entanto, esses testes nunca conseguiram fazer mais do que sinalizar o que as pessoas seriam capazes de fazer, não o que elas fariam realmente.

A experiência prévia dos candidatos, documentada em seus currículos, também só informava o que elas tinham feito. Não podia garantir que elas continuariam a fazer aquilo e, menos ainda, se poderiam melhorar.

A realidade prática vivida no trabalho é que acabava por determinar quem iria bem e quem iria mal.

As pessoas mais bem informadas tinham maior facilidade para conseguir um emprego, mas eram as mais talentosas que conseguiam conservar seus empregos ou crescer dentro deles.

Na pré-história, vigorava a lei do mais forte, como ainda vigora hoje entre os animais irracionais.

O processo de evolução das espécies começou a transferir a supremacia da força para a supremacia da inteligência e do talento.

E foi através da inteligência e do talento que o homem se impôs sobre todas as outras espécies de animais.

Muitos séculos se passaram em direção ao mundo civilizado, quando o conhecimento começou a impor-se sobre o talento puro, mantendo sua hegemonia até os dias de hoje.

Enquanto ninguém dispunha do conhecimento, imperavam a inteligência e o talento como diferenciais competitivos. Enquanto poucos dominavam o conhecimento, ele passou a ser o diferencial competitivo.

Não é difícil imaginar que, logo que o conhecimento esteja à disposição de todos, a inteligência e o talento voltarão a assumir seu lugar, tornando-se mais importantes do que o conhecimento em si.

Durante muito tempo as fronteiras entre a inteligência, o conhecimento e os talentos permaneceram obscuras.

Muitos costumavam chamar de inteligentes as pessoas cultas, bem informadas, detentoras de muitos conhecimentos.

Outros, chamavam de inteligentes as pessoas mais espertas, mais "ligadas", capazes de entender rapidamente as situações e fenômenos ao seu redor.

Havia, ainda, aqueles que identificavam como inteligentes as pessoas que se comunicavam bem, os bons oradores e, até, as pessoas mais dinâmicas, que se destacavam por suas realizações nos negócios e na vida.

Nos meios escolares e acadêmicos, a inteligência era vista como um bloco monolítico de capacidades de entender, aprender, transmitir e aplicar na prática os conhecimentos adquiridos.

A inteligência era vista e tratada como um nível genérico de atributos intelectuais do ser humano.

Inúmeros testes de percepção, conhecimento, memorização e interpretação de informações (testes psicotécnicos ou psicométricos) foram desenvolvidos para medir o Quociente Intelectual (QI) de crianças e adultos, culminando em um *score* global e único, capaz de comparar entre si quaisquer e todas as pessoas.

Imaginação e criatividade, raciocínio lógico e analítico, visão organizacional e sentidos de comunicação não eram observados como fenômenos separados e distintos nos testes de QI.

Mais inteligente ou menos inteligente era o resultado oferecido; até que se começou a falar em dois tipos de inteligência: quantitativa e qualitativa.

Na passagem das décadas de 50 para 60 popularizou-se a

teoria da "dualidade cerebral", atribuindo ao hemisfério cerebral esquerdo do ser humano os raciocínios lógicos, formais e analíticos, baseados na razão, seqüência e fatos, deixando por conta do hemisfério cerebral direito os raciocínios conceituais, informais e intuitivos, baseados muito mais em percepções, possibilidades e especulações.

Howard Gardner, professor de Educação em Harvard, dedicou-se à tarefa de pesquisar e catalogar, entre pessoas vistas como gênios ou medíocres, diferentes tipos de capacidades e aptidões, concluindo por propor, em seu livro "*Frames of Mind*" (Estruturas da Mente) o desdobramento do conceito de inteligência em sete grandes grupos que ele definiu como:

Inteligência lingüística - habilidade para falar ou escrever bem.

Inteligência lógica ou matemática - habilidade para pensar, calcular e manejar o raciocínio lógico e numérico.

Inteligência espacial e visual - habilidade para pintar, desenhar, esculpir; fotografar com precisão e arte.

Inteligência corpóreo-cinestésica - habilidade para utilizar as próprias mãos e o corpo.

Inteligência musical - habilidade para compor canções e tocar instrumentos.

Inteligência interpessoal ou inteligência social - habilidade de se relacionar com as pessoas.

Inteligência intrapessoal ou intuitiva - habilidade para acessar os próprios sentimentos íntimos.

Posteriormente, o próprio Gardner definiu mais um tipo de inteligência, que ele visualizou como a capacidade de interagir com a natureza.

Logo que o livro de Gardner foi publicado, muitos cientistas e estudiosos apressaram-se em declarar que Gardner não estava fazendo mais do que chamar de "tipos de inteligência" conjuntos de aptidões ou "talentos" que já estavam identificados há muito tempo como distintas capacidades do ser humano.

Mas é óbvio que, para fins práticos, essa discussão não tem nenhuma importância. O que importa é o rompimento produzido pelo trabalho de Gardner sobre o conceito de uma inteligência monolítica batizada como QI.

Muito mais recentemente (outubro de 1995) o psicólogo Daniel Goleman popularizou o conceito de "inteligência emocional" na proposta de uma nova dualidade "razão/emoção" na qual o "QE" (quociente emocional) sobrepõe-se ao QI como construtor do sucesso humano.

Na verdade, as capacidades ativas e potenciais do ser humano vão muito além do conceito de dois tipos de inteligência.

Os conceitos de "multipolaridade cerebral" e "inteligência total", que explorei nos livros "Além da Inteligência Emocional" e "Inteligência Total na Empresa" (Ed. Campus) propõem a divisão dos talentos ativos e potenciais do ser humano em seis grandes grupos, começando com as aptidões mais primárias e instintivas dos ancestrais do ser humano e culminando com suas aptidões intelectuais mais elevadas.

Cada um desses grupos pode ser visto e entendido como um agrupamento ou centro específico de talentos que nascem com todos os seres humanos, variando conforme sua herança genética, e que podem, também, ser desenvolvidos durante toda sua vida.

Ao longo de nossa convivência social e dos processos educacionais formais e informais, em casa, na escola e no trabalho, a maior parte de nós acaba desenvolvendo com maior destaque um ou outro tipo de talento, mais um ou outro tipo de inteligência.

Alguns de nossos talentos tornam-se muito ativos, enquanto outros permanecem dormentes.

No entanto, todos nós podemos, a qualquer tempo, acessar, usar, exercitar e desenvolver todos os tipos de talentos latentes e suas muitas combinações, para realizar qualquer espécie de atividade ou trabalho, com alegria e eficiência.

Você tem a possibilidade, o direito e, por que não dizer? o dever de usar todos os talentos com os quais a natureza o brindou, para garantir seu sucesso e sua satisfação pessoal e profissional, na vida e no trabalho.

Na era do talento, que se reinicia, esse é o grande desafio colocado diante de você.

Vamos a ele.

O talento pode ser
desenvolvido durante
toda a vida
e em qualquer momento
da vida.

Você está coberto de Talentos, da cabeça aos pés

Muitas vezes, quando alguém pensa ou fala em *talento* refere-se exclusivamente a aptidões artísticas.

Mas *talento* é muito mais do que isso.

Na antigüidade greco-romana, talento era o nome da moeda corrente, como o dólar, a libra, o peso ou o real nos dias de hoje.

Talento era dinheiro vivo.

Como vamos demonstrar neste livro, continua sendo.

Os conceitos atuais, que você pode encontrar no dicionário, são três:

1. aptidão natural ou habilidade adquirida.
2. inteligência excepcional; engenho.
3. (na linguagem provincial, brasileira e portuguesa) força física, pulso, vigor, alento.

O Dicionário de Aurélio Buarque de Hollanda reproduz uma passagem do livro "Ao entardecer", de Visconde de Taunay:

"Sabem os possíveis e complacentes leitores que cousa seja talento, em todo o sertão deste nosso Brasil? Força física, nada mais!".

De força física ou vigor até inteligência excepcional, fica claro, pelas definições, que *talento*, em nenhum momento, significa conhecimento.

Muitas pessoas entendem o *talento* como um dom natural, como formação inata – as pessoas nascem com ele ou não.

Mas o *talento*, como tudo, pode ser aprendido, exercitado e desenvolvido. O *talento* pode ser formado ao longo da vida e em qualquer momento da vida.

O homem está coberto de talentos da cabeça aos pés.

E o desenvolvimento de seus talentos começou, efetivamente, pelos pés. (*)

Seus ancestrais mais remotos desenvolveram patas em lugar das nadadeiras e abandonaram a vida marinha para viver na terra.

Milhões de anos mais tarde, os primatas dos quais descendemos puseram-se de pé, liberaram seus braços da tarefa auxiliar como meio de locomoção e desceram das árvores para ocupar todos os espaços do planeta.

O corpo do homem e suas habilidades corporais foram fatores preponderantes em seu processo de evolução e no desenvolvimento de sua inteligência.

Os polegares opostos aos demais dedos da mão permitiram a apreensão de todos os tipos de objetos e o manuseio preciso das ferramentas que tornaram-se o grande divisor de águas entre o homem e todos os outros animais.

(*) Para uma compreensão mais detalhada do processo de evolução das aptidões humanas, ver "Além da Inteligência Emocional" do autor.

As habilidades corporais do homem ainda são comandadas pela porção mais antiga de seu sistema nervoso central: a medula, ponte, bulbo e cerebelo.

Essa parte do sistema nervoso central dos homens é idêntica à dos répteis e cientificamente catalogada como "o cérebro reptiliano" (ou cérebro do lagarto). Ela abriga, além dos instintos básicos para a ação, os comandos dos mecanismos para reação e fuga e, também, os impulsos para convívio e agrupamento, que foram as primeiras aptidões desenvolvidas pelos seres vivos para continuarem vivos, a partir do instinto de sobrevivência e perpetuação das espécies.

As aptidões ou talentos corporais ou instintivos para a ação, reação, fuga, convívio e agrupamento estão contidas no cérebro dos insetos, dos réptéis, das aves e dos mamíferos.

O homem tem esse mesmo cérebro, esses mesmos instintos, essas mesmas aptidões, esses mesmos talentos.

Mas o cérebro do homem evoluiu. A natureza criou, para ele, novos cérebros.

Foram os desafios de um ambiente cada vez mais competitivo que alavancaram o processo de evolução de todas as espécies, criando novos centros de aptidões e inteligências. Novos talentos.

Seus talentos, leitor, são o produto de milênios de evolução.

Você tem dezenas de tipos de inteligências ou talentos que se desenvolveram seqüencialmente como respostas ao desafio de preservação da vida e busca da perfeição.

"No sertão, talento era força física, nada mais."

Se você pensar bem, verá que um ser humano, vivendo em

uma floresta rica em recursos naturais, não precisa, para sobreviver, mais do que suas aptidões de ação, reação e fuga, que são as mais antigas atividades corporais; seus instintos mais ancestrais. Ele usará mais seu corpo do que sua mente. Não precisará saber ler ou escrever, nem mesmo falar.

No entanto, esse selvícola tem todas as aptidões de qualquer outro homem vivendo em ambientes urbanos sofisticados. Criado desde a infância em um ambiente urbano, ele aprenderia a ler, a escrever, a falar vários idiomas e poderia tornar-se um cientista renomado, tanto quanto um grande artista ou empresário.

Imagine a natureza construindo seu cérebro ao longo de milênios.

Seus ancestrais mais remotos, criaturas aquáticas, parecendo mais uma minhoca do que um peixe, tinham um filete nervoso ao longo de todo o corpo para transmitir os impulsos elétricos que faziam seu corpo ondular para movimentação em busca de alimento e acasalamento.

A natureza criou ramificações desse fio para movimentar nadadeiras ou pernas e colocou, no nascedouro dele, um centro de comando de movimentos; um pequeno cérebro: o cerebelo.

Parece fácil e rápido, mas demorou milênios e inúmeras tentativas e erros.

Os primeiros talentos a se desenvolver para a garantia de sobrevivência das espécies em um ambiente mais competitivo, dentro do qual as simples ações de comer e procriar, reagir ou fugir mostravam-se insuficientes para os mais fracos e para os mais lentos, foram as aptidões de convívio e agrupamento.

A maior parte dos animais se deu conta de que, vivendo em bandos, podiam compartilhar alimentos, companheiros e parceiros e defender-se melhor de ameaças externas.

Convívio e agrupamento, somados às capacidades de ação, reação e fuga, são aptidões básicas e ancestrais, transformadas em instintivas em praticamente todas as espécies de animais.

E, por antigas e básicas que sejam, continuam a ser muito importantes, fundamentais e insubstituíveis na vida do homem civilizado

Você pode observar que, mesmo o mais brilhante intelectual, mesmo o mais culto e bem informado dos homens não pode sobreviver ou prosperar sem essas aptidões. Ele seria atropelado no primeiro cruzamento; morreria sem descendentes.

Raramente a educação formal, em qualquer escola, contempla o exercício ou o desenvolvimento dessas aptidões, pelo simples fato de serem elas consideradas inatas e instintivas.

Mas se perde muito com isso. Não é difícil observar e perceber, com clareza, que entre dois homens com o mesmo nivel de inteligência e cultura, vai se destacar – e muito – aquele com as mais refinadas aptidões para ação, reação, fuga, convívio e agrupamento.

As aptidões corporais, entendidas como capacidades fisiológicas inatas e também cultiváveis de acionar os órgãos motores e os sentidos (visão, audição, tato, olfato e paladar) para a realização de movimentos e interações essenciais à preservação da vida são controladas pelo sistema cerebral inferior; pela parte mais antiga do cérebro dos animais.

A medula e o cerebelo providenciavam a movimentação das atividades corporais dos lagartos pré-históricos e providenciam, até hoje, os movimentos conscientes e inconscientes do homem.

Imagine o cerebelo. Uma pequena porção de massa encefálica comandando suas aptidões corporais.

Imagine, agora, a natureza, pincelada a pincelada, recobrindo o cerebelo com uma tênue camada de novas aptidões. A ciência chama essa camada de córtex – que significa cortiça – justamente para representar uma cobertura externa do cerebelo, como a cortiça sobre os troncos das árvores.

As primeiras aptidões desenvolvidas nos domínios do córtex cerebral agregaram aos instintos dos animais as capacidades operacionais de dirigir ações para a melhoria das condições de vida e segurança, através do interesse e das capacidades para mobilização e conservação de recursos.

O homem aprendeu a proteger-se, organizar-se, disciplinar e controlar suas ações; a planejá-las antecipadamente.

Essas aptidões organizacionais libertaram o homem de sua condição de nômade predador do ambiente, obrigado a mudar de *habitat* cada vez que os recursos a seu redor eram consumidos e se tornavam escassos.

Ele iniciou a criação de animais, dando origem à pecuária, e o plantio de vegetais, dando início à agricultura.

Aprendeu a conservar os alimentos, a construir abrigos, desde as primeiras palhoças até impressionantes obras de arquitetura como as encontradas no antigo Egito e em outras civilizações; desenvolveu as primeiras ferramentas e criou as primeiras peças de mobiliário.

Observando a natureza e modificando os recursos naturais, ele criou a roda, a alavanca, o plano inclinado, e mudou o ritmo de aceleração do progresso humano.

Enquanto todas as outras espécies de animais ainda dependiam do lento processo evolutivo para ganhar ferramentas na forma de garras, dentes afiados, pernas musculosas ou pescoços longos, o homem antecipou seu próprio desenvolvimento com as máquinas, ferramentas e utensílios, .

As ferramentas tornaram-se extensões dos braços e das mãos, fortalecedoras dos dedos e músculos; agilizadoras de ações e reações.

Muitos milênios depois do domínio pelo homem das aptidões organizacionais, as expressões planejar, organizar e controlar, que sintetizam as aptidões organizacionais, passaram a responder pelas ações básicas em todos os empreendimentos humanos, apoiando o desenvolvimento da atividade industrial que, em apenas um século, exponencializou o progresso técnico e científico da humanidade, produzindo mais bens, serviços e riquezas do que em todos os mais de setenta séculos anteriores, desde o surgimento da agricultura.

Ao mesmo tempo em que desenvolvia suas aptidões organizacionais, o homem refinou e maximizou, também, suas aptidões relacionais. Aprendeu a comunicar-se através de sinais e sons. Com o correr dos milênios, aprendeu a falar desenvolvendo uma linguagem fonética, e a escrever, desenvolvendo uma linguagem gráfica ou escrita.

A extraordinária interação propiciada pela linguagem maximizou a capacidade do homem para transmitir informações e conhecimentos, educar e criar sociedades capazes de se desenvolver em nações.

No início do século 21, a revolução nas comunicações assumiu o papel desempenhado pela revolução industrial na passagem do século 19 para o século 20.

Mais do que nunca, as aptidões relacionais do homem passaram a desempenhar um papel preponderante para o bom sucesso pessoal e profissional dos indivíduos e das sociedades.

Acrescentando as aptidões organizacionais e relacionais às suas aptidões corporais, o homem já se destaca sobre todos os outros animais.

Ainda assim, são suas aptidões puramente intelectuais, desenvolvidas nos domínios da mais recente camada de massa cerebral, identificada pela ciência como neo-córtex, que conferem uma dimensão única aos talentos do ser humano.

As aptidões organizacionais, intimamente relacionadas com o trabalho, desenvolveram-se em muitos animais.

Observando a natureza, você verificará que, de uma forma ou de outra, todos os animais trabalham. Mas a maior parte deles só trabalha para comer, no exato momento em que precisam comer. As aptidões que eles utilizam para isso são muito mais corporais do que organizacionais porque estas últimas estão voltadas para a garantia do futuro, que você só encontra nos animais que produzem para estocar, ou que constroem abrigos, por exemplo.

No ser humano, os talentos organizacionais foram enriquecidos pelas aptidões analíticas, de nível intelectual, identificadas como lógica ou "raciocínio lógico", responsáveis pela produção de raciocínios superiores voltados para a análise, quantificação, crítica, avaliação e julgamento, que permitem ao homem entender concretamente os fenômenos e acontecimentos ao seu redor.

As aptidões analíticas orientam os impulsos organizacionais e conferem a eles precisão e refinamento.

Por outro lado, as aptidões relacionais intimamente ligadas à comunicação também haviam se desenvolvido em muitos animais.

Novamente observando a natureza, você verificará que muitas espécies vivem e atuam em grupos, comunicam-se entre si de alguma forma, cuidam de seus filhos e, até, os educam. Muitos animais chegam a exibir comportamentos muito mais amorosos do que o próprio homem.

No ser humano novamente, essas aptidões foram refinadas através do desenvolvimento de pendores criativos e artísticos, de nível intelectual, que lhe permitiram falar, escrever, desenvolver linguagens fonéticas e escritas, desenhar, pintar, esculpir, cantar e dançar, criar músicas e envolver-se em profundidade com seus semelhantes e com toda a natureza.

As aptidões criativas e artísticas orientam os impulsos relacionais do homem, conferindo a eles precisão e refinamento.

Se você pensar duas vezes verá que as artes, em todas as suas modalidades, são, essencialmente, formas avançadas de comunicação.

Além das aptidões analíticas e artístico/criativas, o homem desenvolveu superiores capacidades para conjecturar, especular, imaginar, inventar e desenvolver percepções à margem de fatos ou dados concretos.

Essas aptidões francamente espirituais, conceituais e intuitivas, ligadas à imaginação pura e capazes de produzir conhecimento independentemente de informação concreta, refinam, ainda mais, todas as aptidões do ser humano.

A intuição e outras aptidões a ela relacionadas podem ser responsáveis por muitos dos fenômenos cognitivos e físicos encarados como sobrenaturais no âmbito da parapsicologia e das religiões.

Todos nós temos todos os talentos inerentes a todos esses grupos de aptidões: corporais, organizacionais, relacionais, analítico/racionais, artístico/criativas e espirituais

É como se cada um de nós tivesse seis diferentes cérebros dentro de nosso cérebro, cada um ocupando um pólo específico.

O mais antigo, que nós chamamos de pólo sul, comandando instintivamente todas as nossas aptidões corporais.

O mais recente, o pólo norte, comandando nossas aptidões intelectuais mais elevadas, a imaginação, a intuição, as capacidades de ver além do que os órgãos sensoriais da visão, audição, tato, olfato e paladar nos mostram.

E, entre eles, os pólos sudoeste comandando as aptidões preventivo/organizacionais, sudeste comandando as aptidões emotivo/relacionais, noroeste comandando as aptidões analítico/fatuais e nordeste, comandando as aptidões artístico/criativas.

Através das aptidões corporais, o homem anda, corre, salta, nada e executa, sem precisar pensar, todos os seus movimentos, melhor do que muitos animais, pior do que outros.

Pensando, o homem é capaz de executar movimentos que nenhum outro animal executa. Suaves e complexos, como na dança e no *ballet* clássico, no *tai chi chuan*, no desenho, na pintura e na escultura; no dedilhar de instrumentos musicais e no manuseio de teclados, máquinas e ferramentas.

Usando mais suas habilidades intelectuais do que corporais, o homem pode produzir idéias e projetos para que outros executem; conceber atividades, ensinar, liderar e orientar as pessoas.

O homem está coberto de talentos, da cabeça aos pés.

Você é capaz de pensar imediatamente em centenas de pessoas que devem seu sucesso ao talento que tinham ou têm nos pés.

Não só os futebolistas, como milhares de outros atletas. E os sapateadores e os bailarinos. Os pés e as pernas já fizeram a fama e a fortuna de muita gente. Inclusive daqueles que você não notou que usaram seus pés, como por exemplo, todos os empreendedores e dezenas de profissionais que gastaram muita sola antes de atingir seus objetivos.

Você deve estar pensando que, na verdade, os pés sozinhos não fazem nada. Que seus movimentos são comandados pela inteligência.

Isso é verdade.

Mas a verdade maior é que a inteligência sozinha não faz

nada. Nunca ninguém ficou rico ou famoso, simplesmente por ser inteligente.

Você pode pensar que o Bill Gates seja um gênio. Eu acho que é. Mas ele não ficou rico e famoso porque concebeu a Microsoft. Ele ficou rico e famoso porque fez a Microsoft. Porque concebeu o negócio e "botou o pé na estrada", realizando-o passo a passo e, inclusive, acabando por escrever um livro sobre essa caminhada.

Se você tem pernas fortes e disposição para caminhar e trabalhar, não precisa de idéias tão brilhantes como a Microsoft.

Carlos Amoroso teve uma idéia muito mais simples. Comprar alimentos não preparados (feijão e outros grãos) a granel e vender picado.

Qualquer um sabe que comprar a granel e vender picado sempre foi um bom negócio. E trabalhoso. E exigente de capital.

Mas Carlos começou devagar. Um saco de feijão, um saco de amendoim, um saco de milho para pipoca. Ele e a mulher, em casa, dividindo o conteúdo em saquinhos de um quilo ou quinhentos gramas. E oferecendo, vendendo e entregando, porta a porta.

O empreendimento era muito mais dependente de pés e pernas do que de massa cinzenta. Mas Carlos já estava rico quando montou sua indústria e lançou sua marca no mercado, chegando a posição de líder em alimentos empacotados.

Carlos está longe de ser um caso isolado de exploração intensiva da "inteligência corporal" ou, como muitos preferem dizer, do "dinamismo".

A história de Carlos é a história de grande parte dos empreendedores. Daqueles empreendedores cujo sucesso pode ser creditado muito mais à energia corporal e ao dinamismo do que ao brilhantismo intelectual.

E existem casos que parecem o inverso. O gênio de Mozart viveu em um corpo aparentemente frágil, que abandonou seu espírito muito cedo.

No entanto, as habilidades corporais de Mozart eram muito grandes. Ele tinha uma agilidade nos dedos superior à da maior parte dos pianistas e tornou-se um instrumentista extraordinário, podendo executar – e compor – peças que para os outros seriam muito difíceis ou inconcebíveis.

As músicas compostas por Mozart costumavam ter "mais notas" do que as criadas por outros compositores e isso dava a elas maior vivacidade e brilho.

E isso não acontece só na música.

Veja o Pelé. Nunca houve um futebolista como ele. Ele não tinha um chute mais certeiro do que todos os outros jogadores e, certamente, não o mais violento. Pelé também não foi o melhor cabeceador. A grande diferença entre ele e a maior parte de todos os outros jogadores residia na explosão de seus movimentos; no dinamismo de suas jogadas.

Você pode notar esse efeito também nos grandes bailarinos e até nos atores teatrais.

Pensando bem, você verá que não existe talento mais valioso do que o dinamismo. Isso porque o dinamismo será sempre o impulsionador de todos demais tipos de talentos.

Todos nós temos uma variedade de talentos muito maior do que imaginamos. A maior parte desses talentos nasceu conosco como conseqüência de nossas heranças ancestrais. Outros despertaram durante nosso processo de socialização, desde a mais tenra infância.

Você já deve ter notado que muitos dos grandes músicos ou artistas são filhos de músicos ou artistas. Eles não herdaram necessariamente esse “dom” de seus pais mas, criados em um ambiente propício, acabaram testando, praticando e desenvolvendo esses talentos.

Muitas pessoas podem ter nascido com um dom musical ou artístico brilhante herdado não de seus pais ou avós, mas de ancestrais muito mais remotos.

Depois de viver toda a infância ou juventude em um ambiente que não despertou seus talentos ou até os inibiu, essas pessoas acabaram por descobri-los já na idade adulta, depois de deixar a casa de seus pais.

Situações inversas também são verdadeiras e comuns. Os pais trataram de explorar em seus filhos os talentos que acreditavam ter transmitido a eles hereditariamente, sem conseguir qualquer sucesso, para descobrir mais tarde que os talentos inatos de seus filhos eram outros.

Muitos grandes pintores simplesmente aprenderam a pintar, não somente através de aulas teóricas ou aquisição de novos conhecimentos, mas através do treinamento de seus talentos potenciais.

Filhos seguindo as carreiras de seus pais são comuns em

todas as espécies de atividades humanas. Muitos chegam a ser melhores que seus pais enquanto outros não conseguem reproduzir nem uma pequena fração de seu brilho.

Por outro lado, muitos artistas ou profissionais brilhantes vieram de pais e de lares que não facilitaram seu desenvolvimento.

Por que isso acontece?

Em primeiro lugar, é preciso reconhecer que a herança ancestral ou genética não se transmite exclusivamente dentro de uma geração.

Todos nós herdamos genes de nossos pais, avós, bisavós, tataravós e ancestrais muito mais remotos.

Existe um fio invisível ligando o homem a todos os seus ancestrais.

Através desse fio são transmitidas todas as características e aptidões acumuladas pelo homem e pelos seus ancestrais ao longo de milhares e milhares de anos.

O processo evolutivo contínuo fez com que nossos avós transmitissem a nossos pais mais do que eles receberam de nossos bisavós e com que nossos pais transmitissem a nós mais do que eles receberam de nossos avós.

Como conseqüência, todos os seres humanos acabam sendo depositários de uma enorme quantidade de características, aptidões e talentos herdados de todos os seus ancestrais.

Por isso, nós estamos sempre crescendo, evoluindo e progredindo.

Todos os seres humanos têm todas as aptidões comuns da espécie.

No entanto, em seu dia a dia, o homem utiliza menos do que dez por cento dessas aptidões, conforme suas necessidades.

Os três pólos de aptidões do sistema cerebral inferior (sul, sudeste e sudoeste) – as porções mais antigas do cérebro humano – comandam os talentos corporais, organizacionais e relacionais que vêm sendo chamados de Inteligência Emocional, em contraposição às aptidões do sistema cerebral superior (norte, nordeste e noroeste) responsáveis pelo conceito clássico de intelecto ou Inteligência propriamente dita.

Até bem pouco tempo, a medida da inteligência do ser humano (QI) era dada por suas aptidões analítico/fatuais e criativo/conceituais. Hoje, se propõe uma distinção entre o quociente intelectual (QI) e o quociente emocional (QE) tendente a valorizar este último.

Mas a essência dessa proposta não é nova. A ciência já estabeleceu, há muito tempo, que o sistema cerebral superior principalmente pensa, enquanto que o sistema cerebral inferior principalmente movimenta ações e reações :

" *são os centros cerebrais inferiores que mantém o córtex cerebral em alerta, abrindo seu "banco de dados" para a máquina de pensar do cérebro. Por sua vez, os centros cerebrais superiores interferem nas ações e movimentos comandados pelos centros cerebrais inferiores, conferindo-lhes refinamento e precisão*".(*)

As ações e comportamentos de todos os animais são comandados por suas emoções. As ações e comportamentos do homem são comandados por suas emoções e parametrados por

(*) Arthur Guinton - Tratado de Fisiologia Médica

suas atitudes.

No ambiente urbano, no ambiente científico, no ambiente artístico ou no ambiente empresarial, nós usamos muito mais nossa mente do que nosso corpo e, ainda assim, usamos apenas uma pequena parcela das aptidões ou talentos colocados pela natureza a nosso dispor.

Todos nós podemos desenvolver todas as nossas aptidões e todos os nossos talentos, através de exercício apropriado.

Mas, antes disso, é necessário entender claramente toda a mecânica de nossas emoções, de nossas atitudes e de nossos comportamentos. E mais do que isso, seu processo de desenvolvimento e incorporação. Esse entendimento é que nos dará as melhores condições de assumir o comando e administrar, conscientemente, todos esses componentes de nossa inteligência e de nosso talento.

Você vai fazer isso começando por uma análise de suas emoções, atitudes e comportamentos mais típicos, através da leitura e reflexão sobre os capítulos seguintes.

Depois, vai identificar seus talentos dominantes através do jogo proposto entre as páginas 64 e 69.

O resultado desse jogo não deve ser uma surpresa para você desde que, em oportunidades anteriores, você tenha parado para pensar e reconhecer os seus principais talentos.

Você já tinha feito isso alguma vez? Se não, vai verificar que a mecânica desse jogo vai ajudá-lo a entender melhor suas aptidões e o funcionamento de cada uma delas.

Mais do que isso, você vai perceber que não tem tirado

todo o proveito possível dessas aptidões para melhorar seu desempenho em tudo o que você faz.

E, o que é mais importante, você poderá entender quais são os talentos que você pode e precisa acessar para maximizar seu sucesso pessoal e profissional.

O segredo para acessar, usar, encontrar prazer e desafio e, finalmente, desenvolver cada um de seus talentos, é exercício e treino.

Você encontrará sugestões práticas e úteis para exercícios que pode fazer em seu dia a dia para desenvolver sua imaginação e criatividade, seus pendores artísticos, seu raciocínio lógico e científico, sua capacidade de diagnosticar situações e tomar decisões, sua capacidade de organizar e controlar melhor todas as suas atividades para tirar melhor proveito de seu tempo, seu dinamismo e suas habilidades de comunicação e relacionamento.

Ao envolver-se nesse propósito é importante lembrar que você estudou formalmente, todos os dias nos bancos escolares, mais de dez anos, para adquirir uma parte dos conhecimentos que tem. Não dá para desenvolver seus talentos em uma semana de exercícios. Também não precisa de dez anos. Trabalhe seis meses, para começar.

Através dos exercícios propostos, você ganhará condições, também, de combinar todos os seus talentos para tornar-se um eficiente comunicador e um empreendedor de sucesso.

Você descobrirá porque talento ainda é dinheiro vivo e, cada vez mais, a chave do sucesso, na vida e no trabalho.

Entenda e controle suas emoções

O medo é a primeira e provavelmente a mãe de todas as emoções.

Todos os seres vivos, desde as amebas e os répteis, foram brindados pela natureza com essa emoção essencial à preservação de sua vida. O primeiro medo é, certamente, o medo de morrer.

Ele pode ser observado na salamandra que fica absolutamente imóvel quando descoberta e nas formigas que se põe em desabalada correria, na mesma situação.

É fácil ver o medo em qualquer animal e os botânicos não vacilarão em afirmar que o medo de morrer também faz parte das "emoções" dos vegetais, explicando porque as mangueiras e tantas outras frutíferas se cobrem de flores e de frutos quando agredidas ou podadas. Eles poderão até dizer : "–pensando que vão morrer, elas tratam de garantir a continuidade da espécie gerando novas sementes".

Se você nunca ouviu isso, pergunte.

Do medo derivaram a prudência por um lado e a ousadia por outro. Uma emoção voltada para a defesa e outra emoção voltada para o ataque.

Do medo derivaram também o ódio, o ciúme e a inveja.

E, por incrível que possa parecer, o próprio amor.

Para garantir sua preservação, o homem precisava procriar.

E o impulso para a procriação precisava ser amparado pelo prazer e pelo interesse contínuo pela companheira ou pelo companheiro. O medo do isolamento, o medo de perder os companheiros, derivou para a criação de ligações mais profundas entre os pares. O amor encarregou-se de cimentar as relações entre os casais, para que cada homem e cada mulher pudessem criar e manter sua própria família.

Entre o ódio e o amor, por um lado, o pânico e a euforia, por outro, a felicidade e a tristeza profunda em um terceiro campo, o homem convive com e exibe uma enorme variedade de emoções contínuas e transitórias, vigorosas e tênues, distribuidas ao longo de diferentes seqüências.

O sistema cerebral inferior é o *habitat* original das emoções.

Nele, você pode imaginar uma distribuição esquemática desses contínuos e visualizar a hierarquia das emoções:

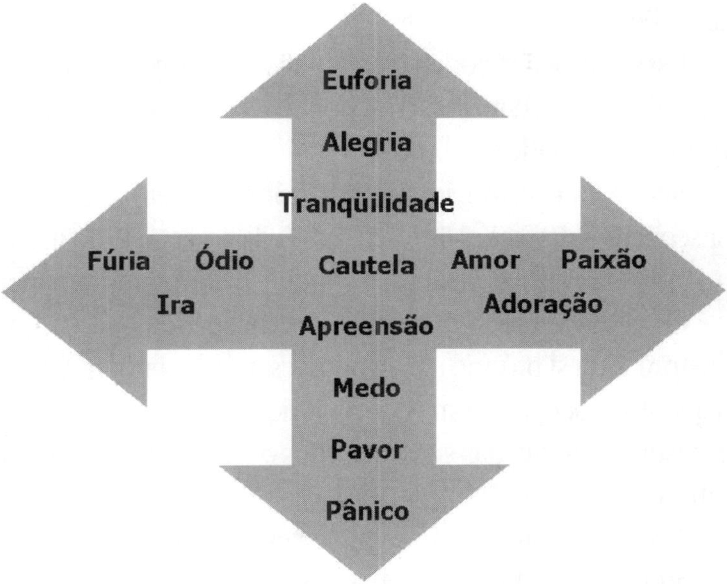

Entre o amor e o ódio, você perceberá, ainda, a existência de uma dezena de nuances de emoções, como a amizade, a confiança, a afinidade, o ciúme, a decepção, a mágoa, a antipatia, a revolta.

Descendo do ódio para o medo, você encontrará a raiva, a indignação, a hostilidade, o ressentimento, o susto.

No caminho de volta entre o medo e o amor, você verá o desamparo, a solidão, a carência afetiva, o alívio, o prazer, a alegria, a felicidade.

E, dentro de todo esse circuito, uma dezena de variáveis para emoções conseqüentes de seus próprios sentimentos e de suas ações.

Essas emoções podem ser negativas como a vergonha, o arrependimento, o remorso ou positivas como a satisfação, o orgulho, a vaidade e o êxtase.

Seus estados emocionais transitórios podem também ser conseqüentes das ações de terceiros ou da percepção do mundo ao seu redor, como o espanto, o choque, o nojo, a repugnância.

O sucesso, a felicidade ou a alegria de vida que você vai construir para si próprio e para aqueles que dependem de você ou que se preocupam com você não vão derivar imediatamente, nem isoladamente, das suas emoções ou do controle que você tenha sobre elas.

A história da sua vida vai ser escrita sempre por seus comportamentos. Por suas ações e iniciativas. Pelas coisas que você faça, muito mais do que pelas coisas que você pense.

No entanto, todos os seus comportamentos derivarão sempre de suas emoções e de suas atitudes.

Daí advém a importância do conhecimento de suas emoções e da hierarquia que elas mantém entre si.

Você pode observar, com relativa facilidade, que a maior parte dos comportamentos espontâneos do ser humano deriva dos estados exacerbados de suas emoções: paixão e fúria, amor e ódio e assim por diante.

Poucos comportamentos espontâneos ou automáticos derivam de nuances emocionais tênues ou passageiras como a tranqüilidade, a alegria, o susto ou mesmo a amizade.

Enquanto você esteja apenas preocupado com um problema,

tende a esperar que ele se resolva sozinho. E só toma uma aspirina quando a dor de cabeça aperta muito ou se torna insuportável.

Realmente, a maior parte das pessoas só começa a agir ou a reagir quando sente muita dor.

E, aí, as pessoas correm o risco de fazer as coisas de uma forma impensada e atabalhoadamente.

Para assumir comportamentos conscientes e programados, não se deixando levar pelos impulsos, você precisa, antes de mais nada, ajustar suas emoções e colocá-las na posição mais adequada para acionar o empreendimento de providências eficazes.

Crie, para você mesmo, um sentimento de urgência, sem descair para afobação. Se você está afobado, coloque suas preocupações em uma perspectiva de tempo, tomando algumas medidas preparatórias imediatamente para controlar sua ansiedade e programando tarefas para os dias seguintes.

Se você está muito calmo e despreocupado, assuma compromissos consigo mesmo e, até com terceiros, para a concretização de algumas tarefas, em prazos pré-determinados, com início imediato.

As iniciativas que você precisa empreender para o aproveitamento máximo de seus talentos estão freqüentemente relacionadas com os estados de espírito distribuidos ao longo da seqüência euforia/pânico. E é fácil ver por quê.

Você pode entender as conotações dessa seqüência sobre suas atitudes (e sobre os comportamentos que elas sugerirão) observando as seguintes posturas seqüenciais

Pânico / Medo / Receio / Mal Estar / Preocupação /

Tranqüilidade / Comodidade / Segurança / Certeza do Êxito / Euforia.

Imagine que você tem um projeto em mente, que precisa realizar. Como se sente em relação às suas possibilidades de sucesso? Totalmente seguro quanto ao sucesso? Eufórico?

Nesse estado mental, você corre um grande risco de ser descuidado. De não fazer as coisas com a devida energia. De não programar ou controlar, com rigor, o andamento de suas iniciativas.

Na outra extremidade da seqüência, com medo ou em pânico, você não terá a calma e o equilíbrio necessários para pensar bem e fazer as coisas de uma forma organizada e precisa.

As posições eqüidistantes dos extremos – preocupação e tranqüilidade – é que assegurarão que você tome todos os cuidados essenciais à garantia de seu sucesso.

Tanto a euforia como o pânico são maus conselheiros e, se você pensar bem, verá que a seqüência euforia/pânico não é uma linha reta mas, sim, um semicírculo que coloca a euforia e o pânico como vizinhos muito próximos.

Se você está eufórico e totalmente despreocupado, pode levar uma queda feia e passar, imediatamente, para um estado de pânico.

Você também pode estar em pânico, encolhido e sem capacidade de se mover, e receber, de repente, a notícia de que ganhou na loteria, entrando imediatamente em um estado de euforia.

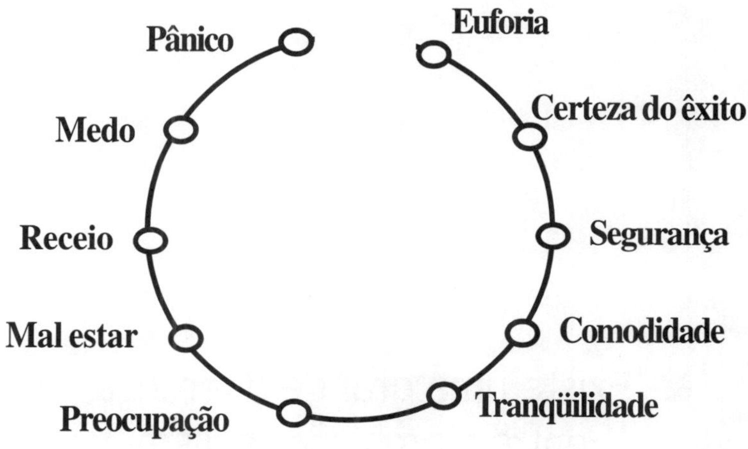

Alguém já disse, com grande propriedade, que a diferença ou a distância entre a euforia e o pânico pode ser determinada por um simples telefonema.

Anote isso. Você não pode permitir que suas emoções sejam determinadas simplesmente pelos fatores externos ao seu controle.

Não fique esperando o telefone tocar.

E não se esqueça de um último conselho:

Coloque amor em tudo o que você tenha de fazer.

Existe uma grande diferença
entre a ambição realista
e consciente, amparada por
um esforço constante para
a melhoria, e o simples desejo
de ser mais ou melhor.

Desenvolva atitudes geradoras de sucesso

Os comportamentos dos animais são determinados, antes de mais nada, pelas suas emoções. Os comportamentos de muitos seres humanos, com bastante freqüência, também.

Mas os comportamentos humanos, em sua maior parte, são ou podem ser parametrados pelas suas atitudes; por suas convicções, por seus desejos, decisões e determinações conscientes.

Por suas idéias, por suas propostas e por seus ideais.

Pesquisas feitas junto a milhares de profissionais conseguiram identificar e estabelecer uma hierarquia para as "qualidades" ou atitudes positivas geradoras de bem estar e sucesso pessoal e profissional, nos seguintes termos:

Fé, Coragem, Ambição, Prudência,

Iniciativa, Persistência, Paciência,

Honestidade, Sinceridade, Tato e Argúcia,

Espírito de Cooperação, Boa Vontade e Bom Humor.

O que se pode chamar de Fé é a confiança profunda e inabalável em coisas, pessoas ou idéias.

A Fé nasce, freqüentemente, ao acaso, mas cresce e se fortalece na medida em que nos identificamos com os objetos de nossa fé.

Quanto mais você conhece e encontra valor em pessoas ou idéias, mais profunda e vigorosa se torna sua fé nessas pessoas ou idéias.

Você pode desenvolver sua Fé em si próprio, aumentar sua confiança em seu trabalho e a certeza de seus bons resultados conhecendo cada vez mais profundamente todos os detalhes desse trabalho.

Você pode desenvolver sua Fé em torno de seus objetivos, tornando-os muito claros, visíveis e tangíveis e emprestando a eles motivos alentadores.

"Eu acredito em mim, porque eu me conheço bem, porque conheço bem o meu trabalho, porque conheço e entendo os obstáculos que tenho de enfrentar; porque meus objetivos me entusiasmam e me dão força para superar os obstáculos" é um pensamento que você deve cultivar e tornar real.

Derivada da Fé, a Coragem, em seu verdadeiro sentido, é o resultado da comparação entre sua capacidade para enfrentar perigos, problemas, desafios e obstáculos e a força dessas ameaças.

É importante não confundir coragem com a jactância ou irresponsabilidade que derivam da falta de análise e avaliação dos perigos e dificuldades.

Quando você se sente superior às dificuldades que tem de enfrentar, você as encara e enfrenta com tranqüilidade e coragem. Quando se sente inferior, recua, foge, muda de caminho ou se retira derrotado.

Você pode desenvolver sua Coragem da mesma maneira como desenvolve sua Fé, aumentando sua capacidade de derrotar os problemas e abraçar as oportunidades.

Para fazer isso é importante, também, que você coloque seus problemas na sua verdadeira perspectiva.

Os problemas, na maior parte das vezes, não são tão graves e difíceis de resolver como a gente pensa. E nem todos os problemas precisam ser resolvidos.

Para colocar seus problemas em perspectiva acostume-se a pensar: "– Qual é ou será o impacto da resolução ou não desse problema na minha vida como um todo?"

Se não for importante, deixe prá lá. Se for importante, divida o problema em pequenas partes e ataque-o parte por parte.

Sua Coragem também aumenta quando seus problemas parecem menores.

Depois da Coragem vem a Ambição, que é o desejo de melhorar sempre. Nesse sentido, você pode imaginar que todas as pessoas são ambiciosas.

No entanto, existe uma grande diferença entre a ambição realista e consciente, amparada por um esforço constante para a melhoria, e o simples desejo de ser mais ou melhor.

A diferença entre um ambicioso consciente e um simples

sonhador está, justamente, na quantidade e na qualidade do esforço que o ambicioso faz para melhorar e atingir seus objetivos.

Você pode educar e disciplinar suas ambições, tornando-as cada vez mais tangíveis, através de ações concretas empreendidas em seu dia-a-dia. Em lugar de estar todos os dias simplesmente repassando suas ambições e seus projetos, pense: o que eu fiz hoje para realizar minhas ambições?

Tornar suas ambições tangíveis não significa sonhar baixo. Não cabe à sua imaginação limitar seus sonhos.

Muitas pessoas decidiram limitar sua ambição baixando sua vista para objetivos próximos e seguros. Com essa orientação, acabaram por projetar um destino que não desejam; um objetivo para o qual não querem caminhar; um sonho que não têm ânimo para realizar.

Sua Ambição precisa ser estimulada por sonhos alentadores e entusiasmantes. Por isso, não tenha medo de sonhar alto. O importante é planejar sua caminhada em direção aos seus sonhos passo a passo; degrau por degrau.

É assim que você incentivará sua Ambição. Percebendo que todos os dias você realiza algum objetivo em direção a seus sonhos. Se sua ambição é alta e você não consegue aproximar-se de seus objetivos, o resultado que você consegue é a frustração contínua e o conseqüente desânimo.

Em sua juventude, Felipe era um sonhador por excelência e um otimista eufórico. Tinha tanta certeza do sucesso imediato de seus projetos que nem se ocupava em atacá-los com grande vigor. Parecia um jogador de futebol que, em lugar de levar a bola ao longo de todo o campo, driblando os adversários para chutar em gol da entrada da pequena área, só batia os tiros de meta, acreditando que podia fazer seus gols daquela distância.

Depois de muitas frustrações, ele passou a duvidar do valor de seus projetos, perdendo muito do ânimo que tinha até para lançá-los.

Quando atingiu a maturidade desenvolveu a certeza de que nenhum projeto que idealizasse daria certo. Ele passou a queixar-se da "falta de sorte" dizendo coisas do tipo : "– Quando eu decidir montar uma fábrica de chapeús as pessoas vão começar a nascer sem cabeça..."

Livre-se desse tipo de pensamento e aprenda a pensar positivamente.

Muitas pessoas já descobriram o valor do pensamento positivo, ao mesmo tempo em que outras descobriram que o simples pensamento positivo não é suficiente.

Sozinho, o pensamento positivo não faz nada. Mas o pensamento negativo não precisa de nenhum esforço auxiliar para fazer estragos irremediáveis.

Pensar positiva ou negativamente dá o mesmo trabalho. E se você não acredita que o pensamento positivo ajuda, deve acreditar, também, que o pensamento negativo não ajuda.

Muitas pessoas permitem que sua Prudência, uma atitude justa e recomendável, transforme-se em pensamentos negativos. Mas você não deve confundir uma coisa com outra.

A Prudência serve para proteger seus projetos, não para freiá-los ou matá-los em seu nascedouro.

O negativo pensa: "não vai dar certo". O prudente pensa: "o que eu preciso fazer para evitar que não dê certo?"

Ninguém faz ou deveria fazer projetos acreditando que eles não vão dar certo. Por isso, na prática, muitas pessoas se esquecem de agregar ações preventivas aos seus planos e projetos: "o que fazer para evitar o surgimento de problemas que podem bloquear os resultados de meus projetos?"

Outros, não consideram providências contingenciais: "o que fazer, para minimizar os prejuízos a meus projetos, caso os problemas que eu previ e tratei de evitar ocorram, de qualquer forma?"

Você já ouviu dizer, muitas vezes, que a melhor defesa é um bom ataque. Por isso, o essencial é usar sua Prudência para mover-se com cuidado e energia; nunca para ficar parado.

Ataque a próxima atitude geradora de sucesso: a Iniciativa.

Entenda Iniciativa como a tendência de agir sobre os acontecimentos em lugar de reagir a eles. Como ser o primeiro a propor e fazer as coisas.

"Quem sabe, faz a hora, não espera acontecer."(*)

Não se pode tomar iniciativa útil, sem saber como. Por isso, entenda que o caminho para enriquecer sua Iniciativa é o mesmo que você adotou para incentivar sua Fé e sua Coragem: o conhecimento.

Use suas aptidões analíticas, seus talentos científicos, para levantar o maior número possível de informações a respeito de sua atividade. Leia, estude, procure ser o melhor, o mais bem informado.

(*) Geraldo Vandré - "Pra não dizer que não falei de flores"

A capacidade mais importante que você precisa desenvolver para melhorar a qualidade de suas iniciativas é a capacidade de diagnóstico: o interesse e aptidão para olhar, ver e entender o que acontece ao seu redor.

As pessoas com fortes aptidões nos pólos inferiores do sistema cerebral: corporal/viscerais, preventivo/organizacionais e emotivo/relacionais, mais centradas nas emoções do que no intelecto, tendem a ser mais ágeis no processo de tomada de decisão e ação imediata. Mas elas correm o risco de agir antes de entender claramente as situações que devem enfrentar. Diante de uma oportunidade ou problema, adotam, imediatamente, as primeiras ações ou reações que lhes vêm à mente. E se arriscam a "meter os pés pelas mãos", como se costuma dizer.

Você já deve ter tido a oportunidade de observar pessoas empenhadas em projetos ou na defesa de idéias que ainda não conhecem bem. Talvez você mesmo tenha feito isso em algumas oportunidades.

A emoção é mais rápida do que a razão. Por isso, é natural do ser humano, quando colocado diante de algum problema ou desafio, atacar imediatamente suas conseqüências.

Fazendo isso podemos acertar ou errar, mas estaremos sempre jogando um jogo de tentativa e erro.

O talento para elaborar diagnósticos corretos e aumentar a freqüência de acertos em suas decisões e ações pode ser desenvolvido através de exercício apropriado.

Um capítulo específico para esse fim está contemplado nas páginas 77 a 80.

Quando você procura e identifica a causa de um problema; quando você elabora um diagnóstico preciso e desenvolve o prognóstico conseqüente, pode resolvê-lo com muito maior segurança.

Mas, muitas vezes, não conseguirá fazer isso na primeira tentativa.

Aí é que entra a Persistência; a capacidade de não arredar pé de seus objetivos, de não desanimar, de não abandonar seus propósitos pelo caminho. De não "morrer na praia".

Nenhum projeto é bom, se não for bem executado.

Muitas pessoas desenvolveram o hábito de mudar seus projetos, logo que as primeiras dificuldades de execução surgem.

Raramente pensam: "não está dando certo porque não estou me esforçando o suficiente". Preferem imaginar que o projeto não estava certo. Assim, podem passar toda sua vida saltando de projeto para projeto até, novamente, poderem se queixar da sorte.

Perceba a íntima relação entre a Fé, a Coragem, a Ambição, a Prudência e a Iniciativa, com a Persistência. Perceba a hierarquia natural entre essas coisas. E administre o próximo componente dessa hierarquia: a Paciência.

O escritor Gabriel García Márques, ganhador do Prêmio Nobel de Literatura, registrou a seguinte passagem em sua obra mais conhecida (Cem Anos de Solidão) ao descrever o sucesso de seu personagem principal:

"Aureliano concebia os projetos mais desatinados como possibilidades imediatas, elaborava cálculos racionais sobre custo e prazo e os levava a cabo, sem intervalos de

exasperação".

Nessas linhas está proposta uma hierarquia entre as aptidões dos diferentes pólos e, também, entre a fé, a coragem, a ambição, a prudência, a iniciativa, a persistência e a paciência.

Persistência e Paciência caminham de mãos dadas no processo de movimentar suas iniciativas. Não se pode confundir Paciência com a tranqüilidade para deixar que as coisas se resolvam por si próprias, nem Persistência com exasperação.

A virtude, como sempre, está no meio termo.

Caminhe depressa e com energia. Mas dê, a você mesmo, um tempo para que seus esforços produzam resultados. Não espere que as coisas aconteçam de uma hora para outra. Não desanime no meio do caminho. Não perca a calma. Não se afobe. Não entre em conflito com as pessoas das quais o seu sucesso depende.

Nenhum homem é uma ilha. Raramente qualquer projeto pessoal exclui ou pode excluir a participação de terceiros. Por isso, a hierarquia das atitudes envolve os componentes de relacionamento identificados como Honestidade e Sinceridade, valores essenciais sistematicamente colocados em xeque no mundo contemporâneo.

O economista John Kenneth Galbraith, um dos mais conhecidos intelectuais de nossa era, anotou em seu livro "Uma era de Incertezas": *"se um cidadão é extremamente rico, ou é ladrão, ou seu pai foi ladrão, ou seu avô foi ladrão".*

Muita gente não duvida disso. E é possível, até, que muitas pessoas não estejam interessadas em ser honestas.

No entanto, dentro de um universo cada vez mais atento e cada vez mais competitivo, a Honestidade no prometer e no cumprir está deixando de ser uma questão de ética para se tornar um imperativo de sobrevivência a longo prazo.

Muitas pessoas entendem a honestidade e, particularmente, a sinceridade, como a total disposição para abrir seus sentimentos mais íntimos. No fundo, é isso mesmo. No entanto, todos nós precisamos estar sempre muito atentos para as regras do convívio social, para a polidez e para a boa educação.

O direito que você tem de abrir seus sentimentos íntimos é limitado pelo direito dos outros de não serem magoados ou ofendidos. Você tem o direito e até o dever de reservar para si seus sentimentos mais íntimos sempre que perceba que a revelação desses sentimentos não é útil ao processo de construção de um bom relacionamento com os outros ou, mais do que isso, quando eles possam ofender ou magoar.

Empatia é o nome do jogo. A capacidade de colocar-se na pele de seus interlocutores para pensar:

– Como eu me sentiria se alguém me dissesse ou fizesse agora, o que estou pensando em dizer ou fazer?

Por isso, a cortesia e a boa educação precisam parametrar a Honestidade e a Sinceridade, incluindo o Tato e a Argúcia como atitudes produtivas para o sucesso.

Honestidade, Sinceridade, Tato e Argúcia. Garanta que essas atitudes caminhem sempre juntas. E, cuidado! Não confunda argúcia com esperteza ou malandragem. Argúcia é sensibilidade, inteligência, rapidez de raciocínio. Qualidades que precisam ser usadas muito mais ao lado da iniciativa e da prudência do que ao lado da ambição descontrolada.

A hierarquia das atitudes construtivas para o sucesso se completa com o conjunto de Espírito de Cooperação, Boa Vontade e Bom Humor.

Você conhece esse cara?

Cooperativo, prestativo, sempre bem disposto e sempre bem humorado.

Despido das atitudes precedentes, ele seria o lacaio ideal. O mais humilde e o mais estimado servidor.

Vestido das demais atitudes, ele é o chefe ideal. O mais destacado e o mais estimado líder. E, certamente também, o mais destacado e o mais confiável subordinado.

Pense nisso. Examine suas próprias atitudes e compare-as com o quadro sugerido. Verifique quais são as atitudes às quais você não tem dado a devida atenção e valor.

Faça exercícios para desenvolvê-las e transforme essas atitudes em comportamentos persistentes.

Você já deve ter visto e ouvido,
como eu vi e ouvi várias vezes
que você é o que você pensa.
Mas isso não é verdade.
Você é o que você faz.
Por isso, querer é muito
mas fazer é tudo.

Transforme suas emoções e atitudes em ação

Ao desenvolver o mundialmente conhecido conceito da Hierarquia das Necessidades Humanas, o psicólogo Abraham Maslow identificou também, sem enfatizar essa proposta, uma hierarquia lógica para os comportamentos humanos.

Ele observou, e você também pode observar, que o ser humano tende a dirigir a maior parte de seus esforços e energias para a satisfação de suas necessidades mais agudas e prementes.

Na base da hierarquia das necessidades humanas aparecem as necessidades Fisiológicas básicas (alimento, abrigo, sexo) seguidas hierarquicamente pelas necessidades de Segurança (preservação do que já foi conquistado) Associação (participar, ser aceito, amar e ser amado) Estima (prestígio, projeção, poder / orgulho, vaidade e dignidade) e Auto-Realização (maximização do potencial).

O homem sente, ao mesmo tempo, todos esses tipos de

necessidades. No entanto, cada um de nós, em cada momento de nossa vida, experimenta essas necessidades com diferentes intensidades.

Enquanto vivendo e sentindo as necessidades fisiológicas em primeiro plano, nossas ações estarão voltadas para a busca do alimento, do abrigo e do sexo, essenciais à preservação da vida e à procriação.

Tenderemos a exibir uma gama de comportamentos típicos do caçador. É claro que o homem civilizado, no mundo moderno, não está percorrendo a floresta ou as estepes, munido de arco e flecha, para abater a primeira criatura que encontre.

Mas é fácil observar que ele estará claramente tratando de utilizar todas as armas de que dispõe para conseguir, de imediato, algum dinheiro.

O dinheiro tornou-se o símbolo e o meio de aquisição dos recursos essenciais à sobrevivência. E o imediatismo com o qual o caçador o procura depende, exclusivamente, do imediatismo de sua necessidade.

Com fome, qualquer dinheiro serve. Pedido, implorado e, até, roubado.

Com a despensa vazia, vale dinheiro emprestado.

No dia seguinte à dispensa do emprego, antes que as reservas sejam consumidas, você não pensará em pedir ou roubar e tratará de procurar um novo emprego, com ênfase, com velocidade e com insistência crescentes, na medida em que as suas reservas vão sendo consumidas.

Não é assim mesmo?

Quando suas necessidades fisiológicas básicas são percebidas como bem cobertas, você tende a exibir comportamentos muito mais típicos do produtor do que do caçador. Nesse momento, passam para o primeiro plano suas necessidades de Segurança; de preservação do que já foi conquistado. Você pode plantar para a futuro, abrir uma poupança, contratar um seguro de vida.

No trabalho, se esmerará para garantir seu emprego ou sua empresa e evitará desperdiçar seus recursos.

Não terá grandes impulsos para novas iniciativas fora do campo no qual você está se dando bem. Ficará mais conservador.

Seguro de que você não está sob ameaça de perder o que já conquistou, suas necessidades e suas atenções derivam para novas frentes. Suas necessidades de associação podem passar para o primeiro plano e exigir de você comportamentos voltados para o objetivo de amar e ser amado. Fazer mais amigos, ligar-se aos outros e fazer parte de grupos de seu interesse.

É comum que você fique sócio de um clube e freqüente suas festas e competições.

Com o correr de tempo e com suas necessidades de associação melhor satisfeitas, você provavelmente não se contentará apenas em ser mais um dentro do grupo.

Suas necessidades de status ou estima de terceiros farão com que você adote comportamentos para assumir uma posição de liderança dentro dos grupos sociais dos quais participa. Uma roupa melhor, uma casa melhor, um automóvel melhor, pelo menos uma etiqueta famosa.

Mesmo que inconscientemente, você quer que seus vizinhos sintam inveja de você.

Necessidades exacerbadas de status têm levado muitas pessoas a adotar comportamentos não parametrados por atitudes como a prudência, que os arrastam de volta para necessidades de segurança e até fisiológicas.

O mais comum é gastar mais do que ganha.

Informações recentes sobre o estilo de vida das pessoas mais ricas do mundo têm mostrado que a maior parte delas não está preocupada com as aparências ou com a promoção de status. Isso pode ser tanto uma causa como uma conseqüência: elas ficaram ricas porque eram prudentes ou exibem comportamentos despreocupados na área de associação e estima de terceiros porque simplesmente isso já não importa para elas.

No último degrau da hierarquia das necessidades proposta por Maslow, aparecem as necessidades de auto-realização ou maximização de potencial.

Nesse degrau, o homem não está mais preocupado em receber estímulos de terceiros.

Ele recolhe seus estímulos e suas recompensas de dentro de si próprio.

Imagine um campeão de Fórmula 1.

Em sua juventude, com suas necessidades fisiológicas ou de segurança já bem atendidas, ele sonhava em se associar a um grupo peculiar, os automobilistas.

Seus comportamentos não o levaram imediatamente a procurar um lugar entre os grandes nomes do automobilismo, na

Fórmula 1.

Ele começou na sua cidade, no seu bairro. Só querendo participar. Depois, se esforçou realmente para competir, para ganhar e galgar degraus.

Campeão nacional da Fórmula 5. Campeão mundial.

E uma oportunidade na Fórmula 1. Em uma pequena equipe, dentro da qual só podia mesmo participar.

Suas necessidades de associação estavam muito bem atendidas e suas necessidades de status, nem tanto.

Passou a competir. Ganhou uma, duas e três corridas e desejou ser campeão.

Foi campeão mundial uma, duas e três vezes. Deseja chegar ao quarto e ao quinto títulos.

Mas agora, ele não corre mais contra seus adversários.

Sabe que, não quebrando e mantendo uma velocidade média de 240 km/h, ele ganhará a corrida.

Mas se sente capaz de rodar a 260 e confia que sua máquina pode fazer isso. Sua única necessidade remanescente é a de maximização de seu potencial.

E ele acelera até 300.

Assim é o ser humano. Com suas necessidades, suas emoções, suas atitudes e seus comportamentos.

Sem talento, ele pode nunca passar de um rosto anônimo na multidão.

Mas os rostos anônimos na multidão não são os rostos de pessoas que não têm talento.

Eles podem ser os rostos de pessoas que estão felizes com

o anonimato ou de pessoas que não se deram conta de que elas têm mais talentos do que imaginam.

Se você quer mais do que tem, chegou a hora de mobilizar seus talentos.

Identifique seus talentos dominantes

Fixe sua atenção nesta Rosa dos Ventos. Ela representa os seis diferentes cérebros, dentro de seu cérebro.

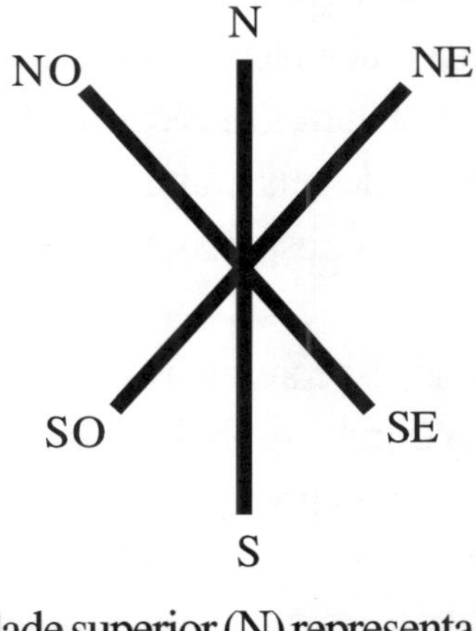

A extremidade superior (N) representa seu cérebro intuitivo e conceitual, sua imaginação, sua capacidade de elaborar raciocínios abstratos; sua capacidade de conhecer *a priori* coisas que jamais lhe foram transmitidas ou ensinadas. É a parte mais nobre e mais recente do cérebro humano, abrigando, inclusive, capacidades ainda pouco conhecidas ou exploradas.

A extremidade inferior (S) representa seu cérebro instintivo, suas aptidões corporais e viscerais, sua energia, seu dinamismo.

O pólo inferior esquerdo (SO) representa seu cérebro organizacional; suas aptidões para a mobilização e conservação de recursos, sua disciplina, seu método.

O pólo inferior direito (SE) representa seu cérebro social; suas aptidões para comunicação e relacionamento.

O pólo superior esquerdo (NO) representa seu cérebro científico, seu raciocínio lógico e concreto, a capacidade de lidar com números e valores; suas aptidões analítico/fatuais.

O pólo superior direito (NE) representa seu cérebro criativo e artístico, a sensibilidade, o refinamento de suas habilidades de comunicação através das diferentes manifestações artísticas como o desenho, a pintura, a escultura, a música e muitas outras.Imagine um baralho com cartas de seis naipes diferentes. Além dos normais ouros, copas, paus e espadas, você tem, nesse baralho, a estrela e a semente.

Cada um desses naipes representa um dos seus seis cérebros ou pólos de talentos.A estrela, simbolizando o universo e a mãe natureza, a criação, ocupa a posição N.

A semente, representando suas raízes, os instintos e a energia, ocupa a posição S.

Espadas, simbolizando a ciência, ocupa a posição NO. Paus,

representando o trabalho, ocupa a posição SO.

Copas, simbolizando o amor, ocupa a posição SE.

Ouros, representando as artes, ocupa a posição NE.

Agora, pare de imaginar e examine, nas seis páginas a seguir, as cartas desse baralho, numeradas de 1 a 64, com dois blocos em cada página. Cada carta contém uma frase descritiva de um detalhe de cada uma das diferentes aptidões do ser humano, representadas por cada um dos naipes do baralho.

Ao ler cada uma dessas frases, você verificará que muitas delas se aplicam a você com perfeição, enquanto outras se aplicam a você com imperfeição e outras não se aplicam a você, aplicam-se pouco ou quase nada.

Escolha, em cada bloco (da metade superior da página e da metade inferior) a carta cuja frase se aplique melhor a você.

Não procure respostas certas ou erradas e cuidado para não escolher cartas que descrevam "o que ou como você gostariade ser". Nem procure fazer um painel de tudo o que você é.

Em cada bloco escolha só a carta que melhor se aplique a você.Assinale os números escolhidos ou anote-os em separado.

Chegando ao fim de suas escolhas (página 69) passe para a pagina 70 e anote os números das cartas que escolheu, escrevendo, diante de cada uma delas, o naipe correspondente, conforme informação da Tabela na abertura da página.

1 Eu gosto de uma atividade quando conheço tudo a respeito

2 Eu gosto de uma atividade quando as pessoas envolvidas trabalham em harmonia

3 Eu gosto de uma atividade quando ela apresenta regras bem definidas

4 Eu gosto de uma atividade quando ela é totalmente nova e desafiadora

5 Eu gosto de uma atividade quando ela exige força e energia

6 Eu gosto de uma atividade quando ela envolve arte e criatividade

---

7 Eu não gosto de uma atividade quando as pessoas envolvidas discutem e brigam

8 Eu não gosto de uma atividade quando ela não tem utilidade prática

9 Eu não gosto de uma atividade quando as coisas andam devagar

10 Eu não gosto de uma atividade quando cerceiam minha criatividade

11 Eu não gosto de uma atividade quando ela envolve trabalhos rotineiros

12 Eu não gosto de uma atividade quando vejo as coisas bagunçadas

13 Eu trabalho melhor quando tudo está bem organizado

14 Eu trabalho melhor quando disponho de informações concretas

15 Eu trabalho melhor quando tenho oportunidade de usar a imaginação

16 Eu trabalho melhor quando posso compartilhar meus sentimentos com outros

---

17 Quando quero convencer alguém apresento dados e fatos que comprovam minhas idéias

18 Quando quero convencer alguém sempre mostro coisas que elas possam ler ou ver

19 Quando quero convencer alguém utilizo imagens e exemplos ilustrativos

20 Quando quero convencer alguém trato de chegar ao seu coração

21 Quando quero convencer alguém apelo para sua imaginação e fantasia

22 Quando quero convencer alguém coloco muito entusiasmo e energia em minhas idéias

23 Eu entendo melhor e acredito mais quando me mostram e explicam passo a passo

24 Eu entendo melhor e acredito mais quando existe arte e criatividade na apresentação

25 Eu entendo melhor e acredito mais quando as idéias são apresentadas com vigor

26 Eu entendo melhor e acredito mais quando sinto empatia com o apresentador

27 Eu entendo melhor e acredito mais quando minha intuição confirma o que ouço

28 Eu entendo melhor e acredito mais quando as coisas fazem sentido lógico

---

29 Estou mais ligado no que ouço

30 Estou mais ligado no que vejo

31 Estou mais ligado no que sinto

32 Estou mais ligado no que avalio

33 Tenho facilidade para imaginar as coisas globalmente como um todo

34 Tenho facilidade para entender como as partes se combinam no todo

35 Tenho facilidade para ver os detalhes que muita gente não vê

36 Tenho facilidade para agir e reagir rapidamente às coisas que acontecem

37 Tenho facilidade para me interessar pelos sentimentos das pessoas

38 Tenho facilidade para inventar alternativas para formas de ver as coisas

---

39 Gosto de ser pontual e esmerado em tudo que faço

40 Gosto de avaliar e entender bem as coisas antes de emitir uma opinião

41 Gosto de me relacionar bem com as pessoas e ajudá-las

42 Gosto de desenhar, pintar, cantar, e/ou de outros tipos de atividades artísticas

43 Gosto de sonhar acordado e bolar coisas novas

44 Gosto de praticar esportes e de muita ação em tudo o que faço

45 Eu me guio pelo ditado: quem sabe mais chora menos

46 Eu me guio pelo ditado: mais vale um pássaro na mão que dois voando

47 Eu me guio pelo ditado: quem não arrisca não petisca

48 Eu me guio pelo ditado: uma andorinha só não faz verão

---

49 Tenho uma boa habilidade artística em pelo menos uma área

50 Sou muito bom para organizar e controlar atividades

51 Me dou bem com números e cálculos

52 Sou muito eficiente no relacionamento com as pessoas

53 Sou muito enérgico, rápido e dinâmico para fazer as coisas

54 Sou muito intuitivo e capaz de ver e entender coisas que nunca me ensinaram

55 Me aborreço com as pessoas muito "quadradas"

56 Fico furioso com as pessoas lerdas e preguiçosas

57 Fico triste com as pessoas ingratas ou grosseiras

58 Não dou muito valor às pessoas que não acrescentam idéias próprias ao conhecido

59 Me irrito com as pessoas desorganizadas ou indisciplinadas

60 Fico inibido diante de pessoas que forçam muita intimidade comigo

---

61 Sou capaz de passar horas filosofando comigo mesmo sobre os mistérios da vida

62 Sou capaz de passar da calma à exasperação muito rapidamente

63 Sou capaz de abraçar afetuosamente uma pessoa que mal conheço

64 Sou capaz de passar horas discutindo assuntos técnicos

Espadas	**Estrela**	**Ouros**
1, 8, 14, 17, 28, 32, 34, 40, 45, 51, 60, 64	4, 10, 21, 27, 33, 43, 54, 58, 61	6, 11, 15, 19, 24, 29, 38, 42, 47, 49, 55
Paus	**Semente**	**Copas**
3, 12, 13, 18, 23, 30, 35, 39, 46, 50, 59	5, 9, 22, 25, 36, 44, 53, 56, 62	2, 7, 16, 20, 26, 31, 37, 41, 48, 52, 57, 63

Números das cartas escolhidas e naipes correspondentes

Agora, verifique quantas cartas de cada naipe você escolheu e anote no quadro abaixo, completando com a anotação do percentual correspondente: 1 carta = 8,33%

2 cartas = 16,66%
3 cartas = 25,00%
4 cartas = 33,33%
5 cartas = 41,66%
6 cartas = 50,00%
7 cartas = 58,33%
8 cartas = 66,66%
9 cartas = 75,00%
10 cartas = 83,33%
11 cartas = 91,66%
12 cartas = 100,00%

Espadas

Quant.	
Porc.	%

Estrela

Quant.	
Porc.	%

Ouros

Quant.	
Porc.	%

Paus

Quant.	
Porc.	%

Semente

Quant.	
Porc.	%

Copas

Quant.	
Porc.	%

Agora, você já tem seu "perfil" de dominância de talentos:

Mais de metade (6 ou mais cartas) de escolhas em um único naipe, definem um perfil monodominante, seja em estrela (espiritual) espadas (lógico) ouros (criativo)paus (metódico) semente (visceral) ou copas (romântico).

O perfil monodominante é bastante raro, descrevendo pessoas mais fortes em um único pólo de aptidões do que na soma de todos os outros. Você provavelmente vai verificar que para chegar aos 50 ou 75% tem cartas de dois ou mais naipes (perfil bi-dominante ou tri-dominante).

Ao somar esses naipes você pode verificar se suas aptidões ou talentos mais destacados estão no hemisfério norte (estrela+espadas+ouros)definindo um perfil mais intelectual; no hemisfério sul (paus+semente+copas) definindo um perfil mais operacional/emocional; no hemisfério esquerdo (espadas+paus) correspondendo a um perfil mais técnico/científico ou no hemisfério direito, correspondendo a um perfil mais artístico/romântico.

Os perfis em que ocorre um equilíbrio entre naipes opostos, em X (espadas e copas, ouros e paus ou estrela e semente) também são raros porque identificam como dominantes aptidões quase conflitantes (frio e sentimental, conservador e ousado, por exemplo).

Se você chegou a um resultado desse tipo, vale a pena perguntar-se novamente: "o que eu sou mais?" e tirar uma conclusão. Se não puder decidir, você terá certeza de que assume, realmente, essa "dualidade".

Os perfís multidominantes (duas cartas de cada naipe) são

os mais raros de todos mas podem sinalizar uma versatilidade potencialmente útil no processo de desenvolvimento e uso dos diferentes tipos de talentos.

A principal utilidade prática que você pode tirar dessa análise de seu perfil de dominância de talentos é verificar quais são os talemntos que você precisa e quer desenvolver mais.

Muitas obras a respeito da construção do sucesso profissional têm sugerido o desenvolvimento da criatividade como o talento mais importante para todas as pessoas. Mas eu conheci um punhado de criativos brilhantes que se deram mal em suas iniciativas por falta, por exemplo, de disciplina, organização e método.

Outras obras valorizaram os talentos relacionais como a verdadeira chave do sucesso. Mas também conheci muitos excelentes "vendedores" exageradamente românticos, tratando

de vender bonecos de pelúcia para matemáticos.

A grande questão a ser colocada é :

– Qual é o pólo de talentos mais importante? Qual o mais correto?

Milhares de pessoas a quem fiz essas perguntas reconheceram que em matéria de dominância de talentos não existe certo ou errado.

"Cada um é o que é, e isso tem seu propósito e seu valor".

Muitas pessoas bem sucedidas estão satisfeitas com seu perfil, considerando-o o mais adequado de todos. Outras, frustradas, gostariam de ser o que não são e acham que o correto tende a ser seu oposto.

Na verdade, tudo vai depender do que seus sonhos ou seu trabalho exijam; dos talentos mais importantes para o sucesso na atividade em que você está envolvido, na atividade que você escolheu ou na atividade para a qual você está pensando em se mudar.

Muitos dos mais diferentes tipos de atividades, como você mesmo pode verificar, exigem a aplicação, em diferentes medidas, de todos os tipos de talentos descritos. E isso não é uma má notícia para os monodominantes ou bidominantes.

Como todos nós temos todos os tipos de talentos, sejam eles dominantes ou não, está ao nosso alcance acessar e exercitar esses talentos; aprender a gostar deles e desenvolvê-los.

No dia a dia, cada um de nós tende a exercitar com maior insistência exatamente nossos talentos dominantes, omitindo e escondendo, cada vez mais, os não dominantes.

No entanto, é importante saber que,quanto mais exercitarmos nossos talentos ocultos, além de aprender a gostar deles e desenvolvê-los, estaremos, também, aprimorando a qualidade de nossos talentos dominantes.

Isso acontece porque dominância não significa necessariamente excelência. Entre duas pessoas que têm talentos dominantes em qualquer um dos pólos: estrela, ouros, espadas, paus, semente ou copas, verifica-se que a qualidade da intuição, do raciocínio criativo e artístico, do raciocínio lógico, da organização, da agilidade e dinamismo e do relacionamento social de um deles pode chegar a ser muito superior, muito mais refinada do que a conseguida pela outra pessoa.Um dos mais conhecidos ditados populares de nossa época afirma que "a prática conduz à perfeição".

Isso é especialmente verdadeiro no terreno de nossas aptidões, no domínio de nossos talentos. Você pode desenvolver sua imaginação, sua criatividade, seu raciocínio lógico, sua organização e disciplina, seu dinamismo, sua comunicação. Pode educar sua mente, seu corpo, suas posturas, sua voz. Tudo vai depender de exercício, correto e insistente.

Conta-se que o grande poeta e orador grego da antigüidade, Ovídio, que era gago e portador de outras deficiências de dicção, enchia a boca de pequenas conchas e pedregulhos e ficava caminhando pela praia recitando versos em voz alta. Você não precisa encher sua boca de pedregulhos. Mas é bom que encha sua cabeça de convicções positivas.E seu corpo de ânimo para fazer as coisas que precisam ser feitas.

Mais do que nunca,
a versatilidade ou a
polivalência de talentos
determinarão a diferença
entre os bens sucedidos
e os outros.

Mobilize todos seus talentos

Você se lembra ou já ouviu falar no "carrossel holandês"?

Foi a seleção de futebol da Holanda que participou da Copa de 74 na Alemanha. Ela exibiu uma equipe de "polivalentes", jogadores que atuavam em todas as posições do campo, deixando tontos seus adversários.

Esses polivalentes foram vencidos na batalha final pela força, pelo entusiasmo e pelo dinamismo da seleção alemã, mas deixaram para o esporte uma lição e um aviso de que a combinação de talentos com a força poderia criar equipes imbatíveis.

Com sorte, você pode ter sucesso utilizando não mais do que um ou dois tipos de talentos. Mas se você depender só do Ronaldinho para vencer uma final de Copa, qualquer pequeno acidente pode deixar você totalmente desamparado.

Cresce e se fortalece a percepção de que as pessoas de sucesso sempre se apoiaram e precisarão apoiar-se cada vez mais no uso de suas habilidades de Diagnóstico, Adaptação e Comunicação.

Seu sucesso começa quando você desenvolve uma visão clara e completa das situações que você precisa enfrentar, dos problemas que precisa resolver, das oportunidades que gostaria de abraçar.

Você precisa olhar, ver e entender o que acontece ao seu redor. Elaborar diagnósticos precisos de cada situação.

A habilidade de diagnóstico envolve, antes de mais nada, as capacidades de observação e análise de fatos e situações reais (espadas) e as capacidades de formular hipóteses, sempre que não se encontre na presença de dados e fatos (ouros e estrela).

A medicina é o segmento do conhecimento humano dentro do qual a expressão "diagnóstico" é mais pronunciada e dentro da qual os instrumentos de diagnóstico receberam um tratamento muito especial.

Você já deve ter notado que os médicos, para a elaboração de um diagnóstico, apelam em primeiro lugar para a entrevista com o paciente, tratando de recolher e registrar informações ou respostas para as perguntas: o que, como, quando, quanto e assim por diante.

Depois, eles fazem uso de instrumentos e até de equipamentos sofisticados que servem, especificamente, para ampliar os sentidos da visão, da audição, do tato, do olfato e, até, do paladar.

E esse é sempre o processo que você precisa usar para chegar a bons diagnósticos; para entender que cada situação que você precisa enfrentar pode ser muito diferente das outras e exigir um tratamento específico.

Cada um de seus pólos de talentos funciona como uma janela através da qual você vê o mundo ao seu redor.

A janela da lógica (espadas) nos revela os valores técnicos e científicos, a janela da criatividade (ouros) nos revela os valores estéticos e subjetivos, a janela da organização (paus) nos revela os valores produtivos e operacionais, a janela do relacionamento (copas) nos revela os valores humanos e sociais.

A janela do corpo (semente) nos revela os valores fisiológicos básicos e a janela da intuição (estrela) nos revelaria, se pudéssemos abri-la a nosso bel prazer, os valores essenciais, a origem, o destino e a "alma" das coisas.

Você tende a usar, para ver e entender o mundo, sua janela favorita; seu pólo dominante de talentos.

Para um bom diagnóstico você precisa olhar o mundo através de todas as janelas.

Uma extraordinária habilidade de diagnóstico, porém, não assegura por si só o sucesso de suas iniciativas.

De nada adianta uma grande capacidade de diagnóstico atada a uma cintura dura, a pouca flexibilidade para adaptar seus comportamentos, seus recursos e tudo o mais que possa ter ao seu alcance ou sob controle às peculiaridades de cada situação.

A habilidade de adaptação exige a mobilização de seus talentos organizacionais (paus) relacionais (copas) e corporais (semente) todos eles operacionais e fortemente influenciados por suas emoções.

Enquanto elaborando diagnósticos, você principalmente pensava. Agora você vai mobilizar recursos e agir.

Nunca se esqueça que a informação e o conhecimento são coisas formidáveis, que as grandes idéias são coisas fantásticas, e que, não obstante, nada acontece sem ação. Não se esqueça que sucesso é feito de comportamentos.

Se seu sucesso dependesse só de você, de seus desejos e decisões, provavelmente ele estaria garantido na maior parte dos casos. Mas não é assim. Seu sucesso depende, na maior parte das vezes, das respostas que os outros dêem a seus desejos, decisões e esforços.

Você vai precisar, sempre, "vender o seu peixe".

Você precisa mobilizar suas aptidões para relacionamento e comunicação, aprender tudo o que possa ser aprendido sobre como montar suas propostas e apresentá-las de tal forma que elas sejam compreendidas e aceitas.

Você precisa exercitar suas habilidades de contato, conversação e negociação .

Faça de seu corpo uma locomotiva

Todo mundo quer o sucesso. Poucos estão dispostos a pagar seu preço.

E, no fundo, o grande freio da iniciativa e da ação, o verdadeiro antônimo do dinamismo, é a preguiça.

Você leu, na página 28, a história de Carlos Amoroso, chegando ao sucesso com muito trabalho, e provavelmente nunca encontrou o testemunho de nenhuma pessoa bem sucedida que não tivesse valorizado uma grande disposição para o trabalho.

A vontade de fazer é uma atitude intelectual; a verdadeira disposição é, antes de mais nada, física.

Melhorar sua disposição física, sua energia e seu dinamismo não é simplesmente uma questão de vontade ou atitude. É uma questão de exercício físico.

Comece acordando mais cedo, com tempo para uma caminhada. Você não precisa de mais do que trinta minutos por dia e já sabe disso, mas, muitas vezes, reconhece que não está fazendo, por falta de tempo ou ânimo.

Existem pessoas que têm dificuldade para acordar ou para levantar da cama. Para essas, recomenda-se uma toalha úmida na cabeceira da cama, para lavar o rosto logo cedo, antes de se levantar. É simples, mas funciona.

Se você está nesse grupo, levante imediatamente e tome um banho frio. Não se empaturre e, se não puder sair para sua caminhada, faça um pouco de exercício físico.

Agite-se. Respire fundo. Experimente dar um grito.

Os exercícios para o corpo são exercícios para liberar seus instintos mais ancestrais. Por isso, não estabeleça regras intelectuais ou de comportamentos civilizados para aumentar seu dinamismo.

Se puder, use um saco de pancadas. Bata forte e com raiva e pode até urrar, ao fazer isso.

Você já ouviu os gritos do Guga quando bate na bola de tênis? Lembre-se que chegou a primeiro do mundo!

Organize sua semana para participar de algumas atividades físicas. Em uma Academia, dedique-se mais à agitação do que ao relaxamento.

Dance, salte, estale os dedos, bata palmas.

Pratique algum esporte coletivo.

Natação também ajuda. Mas não é para descansar na piscina, boiando ou tomando sol.

Acostume-se a olhar o mundo pela janela favorita do corporal. Imagine que você é um animal irracional. Um cão, um cavalo ou uma fera.

A primeira coisa que você vai fazer é abstrair as cores porque esses animais têm visão monocromática. Sem a distração das cores, procure ver mais longe e mais largo.

Todos os animais que têm os olhos mais afastados do que os do homem ou um olho em cada lado da cabeça, como o cavalo, têm maior visão lateral. Para conseguir ver assim, movimente sua cabeça de um lado para outro.

Você ficará mais atento a tudo que acontece ao seu redor, podendo perceber ameaças (ou oportunidades) até atrás de você.

Apure, também, sua audição. Os animais não entendem a linguagem, por isso, estão muito mais atentos aos sons, da mesma forma que sua visão está mais atenta aos movimentos.

Se alguém estiver falando com você, você perceberá muito melhor as nuances de sua voz e de seus movimentos que revelarão, melhor do que a linguagem, a sinceridade daquilo que eles estarão dizendo.

Apure também seu tato, seu olfato e seu paladar. Toque as coisas. Procure identificar seus valores funcionais e fisiológicos imediatos. Para que servem? Dá para comer? Dá para me proteger ou abrigar?

Solte seus instintos e confie neles. Em situações do dia a dia, assegure-se de empreender algumas ações puramente instintivas. Reaja mais rapidamente a suas emoções. Não fique sempre contando até dez antes de reagir.

Cuidado! Não vá fazer esses exercícios no meio do trânsito. Experimente-os quando estiver sozinho, ou com amigos e familiares que saibam claramente que você está se exercitando.

Faça mais do que fortalecer seu corpo. Eduque seu corpo.

Faça as coisas com movimentos mais ágeis, sem se preocupar com o refinamento ou com a precisão.

Mais tarde, quando você estiver exercitando suas habilidades artísticas, terá a oportunidade de treinar refinamento e precisão.

Aproxime-se de pessoas enérgicas. Conviva com elas e observe como elas agem. Em lugar de criticar seus comportamentos, procure descobrir os valores e as vantagens desses comportamentos em determinadas situações.

Reaja aos estímulos do ambiente com movimentos de corpo.

No campo e em espaços isolados, atire coisas à distância. Chute o balde. Quebre coisas das quais não goste. Brinque de gladiador.

Energize seus pensamentos e movimentos, fique mais forte. Você vai precisar dessa força para tirar o máximo proveito de todos os seus talentos.

Ponha sua disciplina no comando

Você é organizado? Disciplinado? Prudente?

Se você terminou a escolha de cartas com quatro ou mais paus, é possível que você já tenha todo o impulso organizacional de que precisa.

Isso não significa, necessariamente, que você organize bem seus recursos e coisas ou que discipline bem seu tempo e suas tarefas, mas significa que você não precisa se doutrinar para isso; apenas aprender; apenas obter informação e conhecimento sobre como organizar e controlar melhor.

Se você escolheu muitas cartas ouros ou estrela, você é extremamente poético, sonhador e, provavelmente, muito indisciplinado.

Você precisa, mais do que ninguém, exercitar seus talentos disciplinares e organizacionais, sob o risco de estar sempre bolando coisas e nunca as pondo em prática ou de estar tocando seus projetos atabalhoadamente, desperdiçando tempo e dinheiro e (cuidado!) cavando um buraco em direção ao fracasso.

Os primeiros homens a conceberem a domesticação de animais e o plantio de vegetais foram, provavelmente, os criativos e racionais.

Mas quem transformou a pecuária e a agricultura em realidades foram os organizacionais e os corporais.

Alguma dúvida?

Para o criativo renitente, treinar aptidões organizacionais pode ser chato, mas não é difícil. Para todos os demais, nem chato chega a ser.

De qualquer forma, comece com as coisas mais simples.

Organize suas coisas em casa – livros, discos, ferramentas, fotografias – com alguma espécie de ordenamento seqüencial e elabore um índice.

Faça um inventário completo de seus bens, roupas e objetos e coloque em uma lista. Ordene, do mais velho ao mais novo, ou do mais caro ao mais barato.

Em poucos minutos, esvazie uma gaveta e recoloque todas as coisas em ordem e bem arrumadas.

Confira, sistematicamente, seus extratos bancários e notas de caixa de supermercados.

Elabore um cronograma diário de atividades e cumpra. Elabore um planejamento semanal de atividades e prepare uma planilha para o controle dessas atividades.

Planeje e realize uma viagem com todas as atividades previamente determinadas e listadas.

Elabore um orçamento familiar e controle-o periodicamente.

Estude um pouco de contabilidade e gramática.

Veja sua caligrafia. Se for muito ruim, faça um curso de caligrafia e se empenhe em apurar sua técnica.

Acredite ou não, arrumando sua caligrafia você vai ajudar a arrumar sua cabeça.

Experimente olhar o mundo e as coisas pela janela preferida pelos organizacionais.

Observe, em todas as coisas, sua forma, posição e movimento. Procure perceber o ordenamento e a seqüência entre as coisas e suas partes.

Observe os detalhes, cores, luzes e sombras. Considere a utilidade de tudo o que vê. E os perigos que elas podem conter.

Trabalhe com quadros, gráficos, diagramas, mapas.

Leia livros e revistas e, ao fazer isso, anote e sublinhe as palavras ou trechos de seu maior interesse. Procure erros.

Procure incluir, em seu círculo de relacionamentos, pessoas fortemente organizacionais, mesmo que elas lhe pareçam chatas ou quadradas. Ouça-as. Saiba o que elas fazem e como fazem.

Aprenda a comunicar-se eficientemente com pessoas dominantemente organizacionais.

Mostre tudo o que puder ser mostrado.

Utilize seu corpo para transmitir idéias, com movimentos específicos para ilustrar ou "desenhar" sua exposição.

Evite excessiva proximidade física, gesticulação inútil ou potencialmente ameaçadora.

Encare seu interlocutor. Peça que ele mostre as coisas. Não

desvie o olhar, não se distraia, não mude de assunto abruptamente, não mude constantemente de posição e sobretudo, não faça menção de se afastar, antes de obter a confirmação de que o assunto está encerrado.

Use expressões típicas do vocabulário preferido por ele e evite expressões típicas do vocabulário do criativo ou do intuitivo, conforme você verá no capítulo a seguir.

O resultado que você pode extrair da apuração de suas habilidades organizacionais é impressionante, inclusive no nível de detalhes.

Ao fazer esses exercícios ou depois deles, não se surpreenda de estar vendo detalhes que nunca viu nas coisas, como pequenos movimentos ou pequenas sombras às quais nunca havia prestado atenção.

Você ficará mais prudente, mais cuidadoso, mais apurado e mais empenhado em seu trabalho.

Se você for um grande criativo, vai verificar que a utilidade prática de suas criações melhorará muito.

Seja um mestre na arte de "vender seu peixe"

O erro mais comum e freqüente que todos nós cometemos no afã de vender nossas idéias é imaginar que nossos interlocutores estão desde logo atentos e interessados no que temos a dizer.

É característica própria do ser humano estar interessado em primeiro lugar em si próprio e depois nos demais. Quando temos a necessidade de vender uma idéia a outra pessoa precisamos que elas estejam interessadas em nós e em nossas propostas e geralmente tentamos captar seu interesse falando imediatamente sobre nós e sobre nossas idéias: "Ouça o que eu tenho a dizer. Veja o que quero lhe mostrar".

Para influenciar nosso interlocutor, precisamos liderar seu raciocínio e é isso que tentamos fazer com esse tipo de abordagem.

Mas, liderar o raciocínio de nossos interlocutores pode ser uma coisa muito difícil ou quase impossível de se fazer se não conseguirmos, antes de mais nada, entrar em total *sintonia* com a mente de nossos interlocutores.

O estabelecimento de *sintonia* com seu interlocutor é um processo crucial.

Você pode compreender, tolerar, apreciar e até aceitar idéias alheias, mas só as *assumirá* se decidir fazer isso. E essa decisão será tomada sempre com sua própria cabeça.

A mesma coisa acontece com seu interlocutor.

Como funciona sua cabeça? E a cabeça de seu interlocutor? Qual é a sua dominância? E a dominância dele?

Se vocês dois têm a mesma dominância, seja em espadas, paus (ou semente) copas ou ouros (ou estrela) a comunicação entre vocês pode ser relativamente fácil porque vocês têm muito em comum na forma de ver o mundo e de se comunicar.

Se ambos são dominantes no mesmo lado (espadas com paus ou copas com ouros) a comunicação ainda não é muito difícil. As dificuldades de comunicação se acentuam quando vocês estão em lados diferentes e paralelos (espadas com ouros ou paus com copas) e se tornam dramáticas quando vocês estão em posições cruzadas (espadas com copas ou paus com ouros).

Cada um de nós tem diferentes percepções do mundo e diferentes sistemas de representação preferidos.

O Criativo, tanto quanto o Intuitivo, "fecha os olhos para entender". Isso significa que ele entende melhor e confia mais na linguagem falada do que na escrita. Além disso, ele se guia mais pela entonação de voz de seu interlocutor do que pelo vocabulário que ele emprega.

No próprio vocabulário ele tem suas expressões preferidas como *imagine*, *sonhe*, *perceba*, *ouça*.

O Racional quer examinar fatos e dados, vendo e ouvindo, mas nunca se deixando levar por apelos emocionais na comunicação. *Examine*, *analise*, *avalie*, *calcule*, *pondere* são expressões que, para ele, fazem muito mais sentido do que *sinta, imagine, confie...*

O Organizacional, como o Corporal, quer ver cada coisa em seu lugar, arrumadas, limpas e ordenadas. Por isso, prefere ver e ler do que ouvir. E as coisas que ouve devem estar bem seqüenciadas e organizadas, sem nunca parecer ameaçadoras.

Veja, *observe*, *anote*, *ordene, faça* são vocábulos que fazem mais sentido para ele do que *ouça, imagine, aposte*.

O Relacional confia muito mais nas informações que vêm amparadas por apelos emocionais vigorosos, na voz e na gesticulação de seu interlocutor, do que naquelas fundamentadas por números, quadros e gráficos, que são o deleite do organizacional.

Confie, *sinta*, *acredite* são palavras que fazem muito mais sentido para ele do que *analise, avalie, calcule...*

O estabelecimento de sintonia no processo de comunicação é uma responsabilidade que sempre cabe ao emissor da proposta, àquele que deseja que suas idéias sejam bem compreendidas e aceitas. E a coisa mais simples que se pode fazer é adaptar tanto o conteúdo de suas mensagens aos interesses de seu interlocutor quanto sua forma ao sistema de representação preferido pelo interlocutor.

Simples, mas não fácil.

82% de todas as abordagens na comunicação face a face são egocentradas, isto é: fundamentadas exclusivamente nas percepções do emissor.

Você precisa treinar, exaustivamente, sua capacidade de conduzir abordagens heterocentradas – que se apoiem, antes de mais nada, nas percepções do outro.

Para fazer isso com desembaraço, você precisa (*):

1. Assumir um interesse real e sincero pelas pessoas, pelas suas atividades, concepções e idéias.

2. Exibir esse interesse logo na abertura da conversação, mostrando que já sabe alguma coisa sobre seu interlocutor e que está interessado em saber mais, perguntando e ouvindo, antes de se pronunciar.

3. Criar diálogo com seus interlocutores utilizando informações e argumentos inspirados pelas informações de seu interlocutor e versados na linguagem que ele seja mais capaz de entender e aceitar.

Exercite esses três pontos em todas as oportunidades.

(*) Para maior aprofundamento consulte "Inteligência Total na Empresa" (do autor) Editora Campus.

Lógica, a capacidade de entender e mudar o mundo

Desenvolver suas aptidões analítico/fatuais ou seus talentos técnico/científicos (espadas) é muito mais fácil.

Você pode organizar uma lista de coisas para fazer diariamente, em casa ou no trabalho, durante alguns poucos minutos.

Elabore relatórios detalhados (analíticos) de coisas observadas, inclusive críticas de seus livros e filmes preferidos.

Por exemplo :

a) se você viu um acidente de carro, observe:

1. quantos veículos estavam envolvidos?
2. qual era a cor de cada veículo envolvido? a marca? e o número das chapas?
3. Havia algum ferido? Quantos? Homens, mulheres, crianças?
4. a polícia ou o socorro já haviam chegado?

b) se você encontra na rua um conhecido que não via há muito tempo, observe:
1. como ele estava vestido?
2. tinha bigode? barba feita, usava óculos?
3. carregava algo nas mãos? qual era a cor, formato, tamanho do objeto que carregava?
etc..
c) se você vai assistir a um filme, observe:
1. quem é o diretor?
2. os letreiros apareceram logo no início ou depois de algum tempo?
3. como eram esses letreiros?
4. onde era passada a ação do filme?
etc..
d) se você está fazendo uma visita, observe e anote:
1. o endereço completo; casa ou apartamento?
2. em que andar? como era o elevador?
3. como era a sala onde foi recebido? o que havia na sala? em que posições?
4. tinha cortinas? de que modelo, cor, tecido?
etc...
e) se você está em uma churrascaria, observe:
1. quantos tipos de carne foram servidos?
2. quantas mesas havia no restaurante?
3. quantos garçons atenderam sua mesa?

Exercitar o raciocínio lógico é realmente uma questão de procurar respostas baseadas em dados e fatos para as perguntas:

o que, como, onde, quando, quanto, quem e por que, usando todos os sentidos e, particularmente, a visão e a audição.

Além disso, o processo de criar o hábito de pensar logicamente pode ser auxiliado por outros tipos de exercícios, como, por exemplo, ler revistas técnicas, ouvir palestras sobre assuntos técnicos, participar de jogos lógicos, estudar um pouco de matemática, álgebra, física e aprender a resolver problemas matemáticos.

Aumente sua curiosidade técnica e científica sempre procurando saber, diante de qualquer situação com que se defronte ou de qualquer narrativa que ouça, os números, as dimensões, as formas, o valor e o funcionamento das coisas.

Se você tiver a possibilidade de visitar fábricas ou oficinas, observe as máquinas e veja como elas funcionam. Não se acanhe em fazer perguntas aos operadores sobre isso. Eles terão prazer em lhe mostrar.

Em casa, você pode tanto observar o funcionamento dos aparelhos mecânicos, como desmontá-los, examiná-los e montá-los novamente.

Cuidado! Se você é muito dominante em ouros ou copas, observe muito bem os aparelhos antes de desmontá-los. Desenhe e numere as peças para não esquecer de nenhuma na hora de montar de volta.

Procure maior aproximação e convívio com pessoas de forte raciocínio técnico, científico e matemático. Converse com elas. Pergunte e ouça.

Aprenda a comunicar-se bem com pessoas dominantemente

espadas.

Controle seus gestos e entusiasmo vocal.

Fale claramente e exponha suas idéias de forma concisa e lógica, sem floreados.

Evite mudar o tom de voz, a dicção e a velocidade do discurso durante suas manifestações.

Não se aproxime muito de seu interlocutor e não toque nele.

Utilize gestos comedidos e de pequena amplitude e velocidade, exclusivamente para reforçar visualmente fatos e dados.

Ofereça sempre provas e testemunhos, mencionando fontes confiáveis.

Utilize expressões típicas do vocabulário preferido pelo racional e evite expressões do vocabulário do artístico ou do relacional, conforme você viu no capítulo anterior.

O objetivo desses exercícios não é transformar você em um amante das matemáticas ou em um grande cientista.

Não se preocupe com isso. Você vai, de qualquer forma, melhorar muito seu raciocínio lógico.

Faça tudo melhor com criatividade e arte

Rabiscar as paredes e amassar barro. Você já viu alguma criança que não goste de fazer isso?

A maior parte das pessoas foi muito mais criativa em sua infância do que é hoje.

Comece por resgatar sua infância. Risque e rabisque, desenhe, pinte, amolde, brinque.

Cante e dance, balance e rode o bambolé. Salte a amarelinha, entre na ciranda.

Religue sua curiosidade para entender as coisas que não pode examinar na base de dados e fatos.

Volte a perguntar insistentemente o que, como, onde, quando, quanto, quem e por que, pensando mais em criar novas hipóteses de respostas do que em descobrir as respostas mais aceitas.

Enquanto o raciocínio lógico procura respostas para essas perguntas na observação de situações reais, a criatividade procura as mesmas respostas para situações imaginárias e quando encontra respostas aceitas não se satisfaz com elas e procura novas alternativas.

Por isso, pergunte mais para você mesmo do que para os outros. Seu objetivo deve ser treinar sua imaginação, não a imaginação alheia. Use as idéias dos outros para agitar suas próprias idéias.

Os exercícios para desenvolver suas aptidões artísticas e criativas podem ser muito divertidos.

Além de rabiscar, pintar e modelar livremente como uma criança, estude e pratique desenho, pintura, escultura ou música. Não importa que você desenhe mal, porque você não precisa ser um grande desenhista.

Aprenda a tocar algum instrumento, de sopro, cordas ou teclado. Também não precisa tocar bem.

Para exercitar sua criatividade, você precisa por a crítica de lado. Ligando o rádio ou a televisão, você vai ouvir e ver muitos “artistas” de sucesso que nunca teriam subido a nenhum palco se estivessem esperando fazer bem feito o que fazem.

Criatividade e arte exigem ousadia.

Arrisque-se fazendo coisas que nunca fez. Dirija sem destino, visite lugares novos.

Desenvolva a mania de modificar as coisas. Crie e desenhe símbolos e imagens, para você e para os outros.

Invente novos nomes, mais descritivos, para as coisas.

Crie jogos de palavras, invente novas letras para as músicas. Invente piadas.

Modifique os anúncios que vê e ouve.

Mude as falas dos personagens das novelas, fazendo-os dizer coisas atrevidas ou engraçadas.

Componha uma música, com letra e tudo.

Faça exercícios de mímica, karaokê, dramatização.

Recite em voz alta. Dance, enquanto ouve música.

Bole novas regras para o futebol e para outros esportes, de forma que eles fiquem mais divertidos.

É possivel que você esteja pensando que não sabe fazer isso. E talvez não saiba mesmo, se fosse prá valer, para atender um pedido de seu chefe ou para vender como um autônomo. Mas, por farra, garanto que você sabe fazer.

Lembre-se, novamente, que isso é um exercício para soltar sua criatividade.

Visite exposições de desenho, arte, escultura, propaganda.

Leia bastante ficção científica e assista filmes do gênero.

Bem aquecido, pratique um pouco do processo criativo para valer. Proponha-se desenvolver uma série de idéias novas para um projeto ou para a solução de um problema que você tenha em mãos, através de três passos:

1. Trate de gerar simplesmente quantidades de idéias sem qualquer preocupação com crítica ou julgamento. Na hora de criar, só criar. Deixe para julgar depois.

2. Faça, individualmente ou com amigos, uma sessão de *brainstorming* (tempestade de idéias) soltando rapidamente e sem crítica tudo que lhe venha à cabeça e combinando com todos para que façam o mesmo.

3. Anote todas as idéias e promova uma nova rodada de palpites para modificar, ajustar ou inverter as idéias anotadas, através de processos de associação de idéias.

Leia um bom livro sobre criatividade para aprofundar-se nesse processo.

Aproxime-se de pessoas criativas e conheça-as bem.

Faça os exercícios a seguir para comunicar-se bem com pessoas criativas.

Use sua voz mais do que seu corpo e coloque ênfase verbal em todas as suas afirmações.

Se seu interlocutor não estiver olhando diretamente para você, não olhe diretamente para ele.

Não tente fazer com que ele olhe para você ou para as coisas que quer mostrar, se ele não o fizer espontaneamente.

Use sons, em lugar de figuras, para chamar sua atenção. Um murmúrio vocal ou estalar de dedos.

Ouça atentamente o que ele diz, anotando as inflexões de sua voz.

Use expressões típicas do vocabulário preferido pelo criativo. Evite expressões do vocabulário do racional e não use expressões do vocabulário do organizacional.

Sua intuição revela o que não está nos livros

Muita gente confunde intuição com instinto.

Essa confusão ocorre porque a intuição realmente não depende de raciocínios conscientes e elaborados. Ela é tão espontânea quanto os instintos.

Todavia, é importante distingüir, nos seres humanos, uma coisa da outra. Todos os animais têm os mesmos instintos do homem. Em muitos deles, alguns desses instintos são até mais desenvolvidos do que no próprio homem.

Mas nenhum animal tem – tanto quanto sabemos – a Intuição do ser humano.

O que chamamos de Intuição é raciocínio rigorosamente abstrato, a capacidade de gerar idéias, conceitos e respostas para situações e problemas, totalmente à margem de fatos e dados concretos; totalmente à margem de informação e conhecimentos específicos.

Nossos instintos, armazenados no sistema cerebral inferior, no pólo de aptidões que identificamos como S (sul) ou Semente, são impulsos essencialmente emocionais.

Nossa Intuição, sediada no sistema cerebral superior, no pólo de aptidões que identificamos como N (norte)ou Estrela, é um impulso supra-intelectual.

Para comparar, imagine que os instintos ou as aptidões viscerais estão nos alicerces, extremamente sólidos e fincados na terra, de um edifício muito alto que demorou milênios para ser levantado. A intuição estará em uma delgada torre, ainda em obras, acima do último andar.

Nos alicerces e sub-solo desse edifício estão todas as máquinas e instalações que fornecem continuamente ar condicionado, água, energia elétrica e outros insumos para a grande empresa que funciona nesse prédio.

Nos andares, estão os escritórios e departamentos de criação, arte, engenharia, produção, administração, segurança, finanças, informática, relações humanas.

Na torre, uma antena capaz de captar mensagens novas e desconhecidas, de todo o universo, mas cujo funcionamento ainda não entendemos direito, nem controlamos.

Chame esse edifício de homem. E você terá um vislumbre de todas as aptidões com as quais você trabalha todos os dias, dos mecanismos do sub-solo que trabalham para você automaticamente e das instalações ainda pouco compreendidas da antena, que captam informações e geram dezenas de outros fenômenos extra-sensoriais e até sobrenaturais, em períodos e momentos fora de seu controle consciente.

Certamente, existe uma ligação direta entre essa antena e o sub-solo. Como se fosse um fio terra em uma instalação elétrica.

Certamente, existe uma ligação direta entre seus instintos e sua intuição. Um eixo central, um núcleo, uma alma, passando pelo centro de todos os pólos de aptidões e ligando suas origens animais com seu futuro espiritual.

Você pode e precisa tirar partido dessa ligação para enfrentar o desafio de desenvolver uma aptidão ainda tão pouco conhecida e compreendida como a Intuição.

A Intuição está além do que você pode capturar através dos cinco sentidos cientificamente reconhecidos como a visão, a audição, o tato, o olfato e o paladar.

Por isso é que ela é sempre identificada como o "sexto sentido".

Você aprendeu, desde seu nascimento, a utilizar seus sentidos: olhar para ver, apurar os ouvidos para ouvir, tocar para sentir, aproximar das narinas e colocar na boca para identificar aromas e sabores.

Já se sabe que você ouvia e sentia, mesmo quando estava ainda no ventre materno.

Mas você não aprendeu a usar, nem a exercitar, seu sexto sentido. E, provavelmente, ninguém consegue fazer isso com total desembaraço.

Muitos autores propuseram exercícios de concentração, relaxamento ou auto-hipnose, mas muitos leitores já descobriram que isso só funciona incidentalmente. Quando você está conscientemente procurando uma inspiração, o mais provável é que você acione sua criatividade, sua invencionice, não sua intuição pura. Você pode achar que teve uma revelação, mas teve apenas uma idéia.

A intuição pura freqüentemente nos assalta quando estamos totalmente distraidos, com todos os outros sentidos desligados. E, muitas vezes, o esforço para total desligamento dos sentidos não faz mais do que exacerbá-los. Funciona pelas avessas.

No entanto, esgotar as percepções trazidas pelos sentidos convencionais pode contribuir para forçar um apelo ao sexto sentido.

Por isso, é muito provável que a melhor contribuição que você possa dar ao desenvolvimento de seu sexto sentido seja o exercício exaustivo para enriquecimento de todas suas aptidões e talentos, começando de baixo para cima e derivando de semente para copas, copas para paus, paus para espadas, espadas para ouros e, finalmente, ouros para estrela.

Existem alguns movimentos práticos que você pode fazer como coadjuvantes no processo de liberar sua intuição.

Relaxamento funciona melhor do que concentração.

Fique relaxado e faça exercícios para forçar a participação de suas aptidões neo-corticais em todos os seus movimentos.

Refine todos os seus movimentos, fazendo gestos calmos, estudados e complexos, movendo ao mesmo tempo os dedos, as mãos, os braços, o corpo, a cabeça, as pernas, as expressões faciais.

Faça isso até sentir-se profundamente tranqüilo.

Sonhe acordado, medite.

Pense a respeito do universo, do tempo e do espaço infinitos.

Pense sobre o próprio milagre de sua vida e de seu pensamento.

Pense em seu próprio raciocínio.

Imagine como você veria o mundo e as coisas se não tivesse nenhuma informação. Se fosse um recém-nascido com a capacidade de raciocinar que você tem agora, mas sem nenhum dos conhecimentos que acumulou.

Pense no futuro. Não no dia de amanhã. Pense no ano 3.000, no quarto milênio.

Não tente projetar, com base no presente, o que pode ser o futuro.

Apenas pense, divague, jogue seu pensamento para muito longe do dia a dia.

Procure ligar-se com sua antena.

O discurso não é
para você brilhar.
É para iluminar
sua platéia.

Combine seus talentos para falar em público

O verdadeiro talento para falar em público não se restringe à capacidade de montar um bonito discurso e proferi-lo sem deslizes.

Acostumamo-nos a ver atribuído o "dom" da oratória a pessoas que ostentam um discurso empolado, recheado por um vocabulário incomum e pronunciado com grande sonoridade.

Mas, falar em público, no século 21, não pode ser só isso.

A oratória não pode ser um fim em si, mas um meio de comunicar-se com pequenas ou grandes platéias e obter delas respostas positivas.

Muito antes de receber respostas positivas, de proferir seu discurso ou de subir ao palco, o grande desafio a ser enfrentado é vencer a inibição.

Praticamente qualquer pessoa pode assimilar técnicas clássicas para planejar ou redigir uma oração, mas a maioria treme diante do desafio de enfrentar uma platéia e esse tremor chama-se inibição.

Você provavelmente já leu, como eu já li, conselhos diretos e singelos do tipo "não fique inibido...". E, no entanto, esse é o mais eficiente apelo que se pode usar para inibir uma pessoa.

Ele funciona às avessas, da mesma forma como pedir que as pessoas nervosas fiquem calmas ou que as amedrontadas não tenham medo.

Para administrar nossa inibição, muito mais do que para superá-la – o que, seguramente, é muito mais difícil de fazer – precisamos ir a fundo no conhecimento das raízes da inibição.

O mais terrível inimigo do homem é o próprio homem. O homem tem, ao mesmo tempo, o impulso e o receio de se aproximar de seus semelhantes e abordá-los.

O impulso pode ser fornecido pelo desejo ou pela necessidade. O receio se fundamenta no medo de ser repelido, rechaçado ou de alguma forma agredido.

O receio de abordar uma platéia tende a ser maior do que o receio de abordar um único indivíduo.

Mas você precisa considerar que uma platéia só é uma platéia sob seu ponto de vista. Os componentes da platéia não se vêem como um grupo homogêneo e unido.

Cada um deles se sente como um indivíduo sozinho e não como parte de uma platéia.

O semelhante que vai interagir com ele é o orador.

No palco ou no pódium, o orador parece mais alto e mais forte. Falar em público, diante de uma platéia pequena ou enorme, é um exercício de comunicação pessoal, individual, entre você e cada um dos componentes da platéia. Cada um deles está sozinho e tende, ele próprio, a ter mais medo de você do que você dele.

Pense nisso quando estiver diante de uma platéia e veja como essa percepção vai ajudá-lo.

A simples recomendação para que você não se iniba, o simples encorajamento contido na maior parte dos livros que abordam o assunto, pode não ser suficiente para superar seus temores.

Dizer ou pensar "coragem, vamos lá..." pode ser como o apelo patético do treinador de um time de futebol que está perdendo de cinco a zero para seu adversário quando faltam menos de dez minutos para terminar o jogo.

Para superar seus receios e suas inibições, você precisa de mais do que encorajamento e motivação. Você precisa de habilidade e de treino. Você precisa de muito exercício.

Para exercitar seus talentos relacionais, muito antes de enfrentar uma platéia, você precisa treinar com os indivíduos.

Cumprimente as pessoas na rua e nos recintos onde você circule. Faça isso claramente, em alto e bom som, olhando para as pessoas. É possivel que algumas pessoas não respondam, o que poderia contribuir para aumentar sua inibição. Mas você verá que a maioria das pessoas responderá – tanto quanto você, todos precisam de um impulso para vencer sua inibição – e logo terá a certeza de que vale a pena cumprimentar as pessoas sempre.

Faça mais do que isso. Aborde as pessoas na rua, de preferência solicitando informações (mesmo que você não precise de nenhuma informação). As pessoas gostam de ajudar e você verá que, na maioria das vezes, você estará dando a elas a oportunidade de se comunicar e sentir-se bem fazendo isso.

Agir como disparador do processo de comunicação é o exercício mais fácil e útil que você pode fazer para treinar sua desinibição.

Um episódio ilustra bem esse ponto. Há alguns anos, eu e minha mulher passeávamos em uma pequena lancha a motor pela lagoa que fica na frente do parque "*Magic Kingdom*" em *Disneyworld*. Eles chamam essa lagoa de "*The seven seas lagoon*"(a lagoa dos sete mares). Através dela, grandes barcos levam centenas de turistas das bilheterias para a entrada do parque.

Da amurada de um desses barcos, uma grande multidão parecia estar olhando para nossa lancha. Parecia, até o momento em que minha mulher acenou para ela, recebendo de volta o aceno entusiasmado de toda a multidão!

Experimente acenar para a multidão quando você estiver em posição de ser visto.

Outro exercício simples e fácil é ajudar as pessoas, na rua ou em recintos fechados. Fique atento aos outros, procurando oportunidades de ser útil. E aproveite as oportunidades quando elas surjam. Desse simples exercício podem surgir, até, grandes amizades.

Se for difícil, comece com os animais. Eles podem ser muito mais amistosos do que os humanos.

Quando um cão late para você, você tende a se encolher e

a se afastar. E ele late mais.

Experimente sorrir, falar com ele amistosamente, aproximar-se, permitir que ele cheire sua mão. Sem fazer nenhum gesto brusco, acaricie o animal. Tanto os animais quanto seus proprietários ficarão felizes e gostarão de você.

Treine seu relacionamento em festas. Vá e participe intensamente.

Ouça as pessoas com atenção e elogie. Ensine a elas as coisas que você sabe.

Conviva com pessoas fortemente relacionais e aprenda a comunicar-se bem com elas.

Solte seu corpo e revele seus sentimentos.

Explore sua voz, rítmo, velocidade, timbre e modulação.

Mostre sentimento e entusiasmo. Acompanhe espontaneamente os gestos e movimentos de seu interlocutor.

Aproxime-se de seu interlocutor e toque-o. Não se afaste nem fique tenso se ele se aproximar de você ou imitar seus gestos. Permita que ele toque em você.

Ouça bastante e incentive-o a falar e a gesticular, mostrando interesse por seus sentimentos e motivações.

Use expressões típicas do vocabulário do relacional e evite expressões do vocabulário do organizacional e do racional.

Quanto mais você exercitar seu desembaraço para a comunicação individual, mais contribuirá para a superação de seus receios de enfrentar grandes platéias – que são, como você já sabe, apenas vários indivíduos, lado a lado.

Como você viu no capítulo dedicado à comunicação pessoal

(página 90) o grande segredo para o estabelecimento de uma boa aproximação e abertura de diálogo é entrar em sintonia com seu interlocutor, adaptando sua linguagem ao sistema de representação preferido pelo seu interlocutor.

Como aplicar esse conhecimento na comunicação com grandes platéias?

A primeira coisa a fazer é considerar que todas as platéias contém participantes que são representantes das diferentes espécies de perfis de aptidões e interesses: estrelas, espadas, paus, ouros, copas, sementes.

Você mesmo tem o seu perfil, parecido com o perfil de muitos participantes e radicalmente diferente do perfil de outros tantos.

A tendência natural é que você seja melhor compreendido e aceito por aqueles cujas aptidões são mais parecidas com as suas.

Alguns adorarão seu discurso. Outros poderão detestá-lo.

Mas você precisa comunicar-se bem com todos.

Nos capítulos anteriores você reconheceu todas as observações relativas à comunicação individual com representantes de cada um dos naipes. Mas agora você precisa comunicar-se bem com todos eles ao mesmo tempo. Como fazer isso?

A resposta é óbvia: variando seus recursos de comunicação, usando todos os seus sensores e transmissores.

Fale, mostre, energize.

O corpo é o seu melhor poliglota. Ele fala uma linguagem universal, entendida por todos.

Mas, justamente pelo seu extraordinário poder de

comunicação, ele é uma faca de dois gumes. Ele tanto pode reforçar tudo o que você diz como desmentir o que você diz. Portanto, cuidado! Um orador não é um mímico e menos ainda uma marionete.

Você já deve ter observado alguns apresentadores de televisão – inclusive muito experientes e conhecidos do público – que se movimentam como bonecos ou cantores de *rap,* repetindo gestos harmônicos raramente sincronizados com aquilo que estão dizendo.

Outras vezes terá notado que apresentadores de noticiários na televisão, lendo a notícia pela primeira vez, escorregam totalmente na entonação da voz ou na expressão facial.

Para estabelecer sincronismo entre suas mensagens verbais e não verbais; para sincronizar sua linguagem com sua paralinguagem e com seu corpo, você precisa treinar exaustivamente a espontaneidade.

Exercícios apropriados para isso são propostos mais adiante.

Mesmo bem exercitado, use todas as suas apresentações como palco para treinar mais e aperfeiçoar-se continuamente.

Nunca olhe para sua platéia como se ela fosse uma massa amorfa de indivíduos que você não conhece e que não conhecem você.

Imagine, sempre, uma reunião de amigos para os quais você está levando muitos recados para cada um deles.

Muitos palestrantes ou conferencistas parecem estar todo o tempo falando para si próprios. Outros parecem falar para uma nuvem que paira sobre nossas cabeças ou para um espelho que está atrás de nós, no qual eles se vêem.Não é difícil evitar isso. Quando diante de uma platéia, dirija-se a cada membro da platéia como se você estivesse falando especificamente com ele. Olhe para ele e jogue sua voz até ele. Como se você estivesse gritando para um amigo àquela distância de você : "Carlos... preciso falar consigo...".

Se você quer dominar uma platéia, dar seu recado, convencer e estimular, você tem de fazer mais que um simples discurso. Certamente muito mais do que ler ou descrever imagens projetadas em uma tela. Você tem de conversar com as pessoas à sua frente e ao seu redor. Falar com elas. Certificar-se de que elas estão ouvindo e interessadas.

Para assegurar esse resultado você precisa cuidar, ao mesmo tempo, da forma e do conteúdo de sua apresentação.

Só pode haver uma regra para o conteúdo: ele precisa ser ou tornar-se relevante aos olhos da platéia visada. E aí está o seu primeiro grande desafio.

Você tem a oportunidade, todos os dias, de ver e ouvir comunicadores de sucesso, nos palcos, na televisão e até em locais públicos, e achar que suas manifestações não têm qualquer espécie de conteúdo relevante.

Não se deixe enganar. Se eles são aplaudidos por suas platéias é porque o que eles estão dizendo ou fazendo, ou mesmo porque a forma como estão dizendo ou fazendo, é ou tornou-se relevante para suas platéias.

"A beleza está sempre nos olhos de quem vê".

Quando você já conhece de antemão os interesses de sua

platéia e não pretende entregar a ela mais do que ela está pronta a aceitar e apreciar, você não tem um problema sério nas mãos.

Suas dificuldades começam quando você quer vender idéias novas, quando quer modificar o conhecimento de sua platéia; educar ou convencer.

Diante desse desafio você precisa, além de conhecer os interesses e as limitações de sua platéia, encontrar alicerces sobre os quais você possa construir uma "ponte" entre o que é familiar e interessante para essa platéia e os novos interesses que você deseja despertar.

Isso pode gerar a necessidade de que você construa ou adapte o conteúdo de sua mensagem de tal forma que as mesmas idéias que você quer apresentar sejam versadas através de conteúdos diferentes, para públicos diferentes.

Nas páginas 78 a 80 você percorreu os conceitos de diagnóstico e adaptação, antes de entrar no terreno da comunicação. É justamente nesse capítulo que você encontrará as idéias para a montagem do conteúdo de suas apresentações em condições de torná-las potencialmente relevantes para todas as platéias.

Daí para a frente tudo é muito mais uma questão de forma do que de conteúdo, inclusive porque a forma tanto pode valorizar um conteúdo pouco expressivo quanto arruinar um conteúdo de grande valor.

A primeira proposta a ser colocada, nesse terreno, é a clara orientação da apresentação de tal forma que ela busque apoio nas expectativas e percepções da platéia.

Da mesma forma como ocorre nas interações face a face, e ainda mais acentuadamente, a grande maioria das apresentações públicas conduzidas todos os dias, no mundo inteiro, são egocentradas; isto é: fundamentadas exclusivamente sobre as percepções do emissor – *"eu... minhas idéias...minhas propostas"*. Isso acontece porque é, evidentemente, muito mais difícil estabelecer diálogo com uma platéia do que com um único indivíduo.

Ainda assim , vale a pena ter em mente o grande valor de se encaminhar uma apresentação na forma de um diálogo com a platéia. O primeiro passo para o sucesso de qualquer apresentação é chamar a atenção e despertar o interesse dos receptores.

Tenha em mente que o objetivo de seu discurso não é fazer você brilhar, mas sim, iluminar sua platéia. Isso é válido tanto para a oratória quanto, particularmente, para a didática.

Para despertar a atenção e criar interesse em torno de sua apresentação, é possível que você tenha de quebrar alguns paradigmas e tabus que têm sido propostos em grande parte dos tratados e programas de treinamento na arte da oratória.

Já se aprendeu, por exemplo, que iniciar uma apresentação com uma pergunta pode ser desastroso quando uma interferência indevida do auditório possa provocar ruídos indesejáveis na atenção e no interesse dos ouvintes.

Para evitar isso, os oradores mais temerosos começam dizendo logo o que tinham a dizer, caindo irremediavelmente em uma apresentação egocentrada.

Por outro lado, já se observou que, por mais interessante

que seja uma apresentação, a máxima atenção e interesse do ouvinte só ocorre quando o emissor está respondendo a perguntas do ouvinte.

Por que, então, não começar sua palestra, não fazendo uma pergunta para o auditório, mas semeando uma indagação na mente do auditório?

Existem muitas maneiras de conseguir esse efeito, todas elas incluindo a montagem de uma pergunta na forma de sugestão, que vai ser respondida não pelo auditório, mas sim pelo próprio apresentador:

"– Sei que vocês estão imaginando... imagino que vocês estão curiosos...uma das grandes dúvidas que sempre encontro..."

A construção de abordagens heterocentradas começa, evidentemente, com o interesse do orador pelo auditório, seguido do processo de levantar informações sobre a composição e interesses de seus ouvintes, antes de mais nada. O objetivo das abordagens heterocentradas é, efetivamente, buscar pontos de apoio para suas afirmações nas percepções de seus ouvintes e encontrar "pontos de contato" entre as idéias que você deseja transmitir e o interesse do auditório para recebê-las.

Encontrando esses pontos de apoio, você sempre conseguirá construir conteúdos muito mais relevantes para suas apresentações e, efetivamente, dialogar com seus ouvintes.

Outra questão, de grande importância na forma de suas apresentações, é a melhoria contínua de seus transmissores.

Você já anotou que, nas comunicações pessoa a pessoa, a confiabilidade que se consegue transmitir deriva muito mais da interpretação da linguagem corporal e da paralinguagem do que da linguagem em si, expressada através do vocabulário. Ainda assim, você não pode se comunicar adequadamente, nem civilizadamente, sem a linguagem e sem o vocabulário.

No dia a dia, mesmo as pessoas eruditas utilizam menos do que 20% do vocabulário disponível. A melhor receita para o aumento de nosso vocabulário ainda é a leitura. Você não precisa ler tudo, nem todos. Basta consultar os melhores. Ler trechos dos grandes autores, capítulos de livros didáticos, técnicos e de negócios.

Você notará que as diferentes áreas de conhecimento utilizam vocabulários próprios e bastantes diversificados. Assim, você pode orientar suas leituras para as áreas de seu maior interesse, sublinhando as palavras que você não conhece e acessando um bom dicionário para procurar seu significado.

Um dicionário de sinônimos e antônimos pode ser um professor inestimável para o desenvolvimento de seu vocabulário.

O objetivo do desenvolvimento de seu vocabulário não é a inclusão de palavras estranhas em sua locução. Muito pelo contrário, você deve sempre utilizar palavras conhecidas, frases curtas e em ordem direta.

Só não pode confundir isso com a dureza de um vocabulário simplório e repetitivo, incapaz de transmitir credibilidade aos seus ouvintes.

Para unir o útil ao agradável em seu próprio aprendizado, assista bons programas de entrevistas na televisão e vá ao teatro. No teatro, você terá oportunidade de observar, além da linguagem, o funcionamento da paralinguagem e da expressão corporal.

Mas não basta que você leia, ouça e veja. Você precisa praticar e exercitar seu próprio desempenho. Copie textos cujo vocabulário tenha chamado sua atenção. Escreva textos utilizando palavras novas. Anote seus progressos.

Com exercícios apropriados, você pode também educar e até modificar o timbre de sua voz, o rítmo de seu discurso, a velocidade, as inflexões, a ênfase e a melodia

Qualquer prece, lida ou dita em voz alta, pode ser proveitosamente utilizada para o exercício de sua voz e de suas expressões, alterando a pontuação, a ênfase e o rítmo de cada frase.

A poesia pode ser melhor ainda.

Leia o trecho a seguir, do "Cântico do Calvário" de Fagundes Varela.

Eras na vida a pomba predileta
que sobre um mar de angústias conduzia
o ramo da esperança.
Eras a estrela que entre as névoas do inverno
cintilava,
apontando o caminho ao pegureiro.
Eras a messe de um dourado estio
eras o idílio de um amor sublime
eras a glória, a inspiração, a pátria,
o porvir de teu pai.
Ah, no entanto, pomba, varou-te a flexa do destino
astro, enguliu-te o temporal do norte,

teto caiste, criança já não vives.
Correi, correi ó lágrimas saudosas
legado acerbo da ventura extinta
dúbios archotes que a tremer clareiam
a lousa fria de um sonhar que é morto.
Correi. Eu um dia vos verei mais belas
que os diamantes de Ofir e Golgonda
a fulgurar na coroa dos martírios
que me circunda a fronte cismadora.
São mortos para mim da noite os fachos
mas Deus vos faz brilhar, lágrimas santas
e à vossa luz caminharei nos êrmos..."

Leia outras vezes, variando a pontuação e a ênfase de cada linha, palavra ou frase.

Esse poema foi escrito pelo poeta quando seu primeiro filho, ainda bebê, faleceu. Imagine os sentimentos e a emoção do poeta e carregue sua leitura com essa emoção. Recite em voz alta.

Mesmo que você não faça nenhum gesto, sua tensão corporal e suas expressões faciais tenderão a espelhar sua emoção e a modulação de sua voz.

Esse é o tipo de exercício realmente capaz de colocar em sincronia seu discurso, sua voz e seu corpo. Sem exageros e sem grandes arroubos.

Os gestos muito largos e enérgicos são ótimos para comunicação com os mais fortemente emotivos ou cinestésicos. Mas são péssimos para comunicação com os racionais ou digitais.

Como suas platéias tendem a ser compostas por pessoas com as mais diferentes dominâncias cerebrais e sistemas de comunicação preferidos, fica difícil agradar a gregos e troianos pelos extremos.

Para comunicar-se bem com todos, você precisa usar os sistemas de representação preferidos por todos, sem exagerar para nenhum dos lados.

Você pode também, melhorar a afinação e o som de sua voz, com exercícios apropriados.

Embora a qualidade da voz raramente seja a coisa mais importante em uma apresentação, som ruim, timbre ruim e, particularmente, dicção ruim, podem ofuscar totalmente o brilho de uma apresentação.

Começe com os sons.

Com a boca fechada, acompanhe um hino só com os sons emitidos pela sua garganta: hum...hum..hum..

Vá acertando a afinação.

Abra a boca e treine a passagem de graves para agudos, jogando o som para a cavidade bucal e para o céu da boca.

Dá para fazer coisas impressionantes com esse tipo de exercício. Mas, se quiser ir mais longe, entre para uma escola de música e participe de um coral.

Treine silabação. Experimente, novamente, o Cântico do Calvário passeando sua voz da garganta para a cavidade bucal, para os lábios.

O idioma português, se você não notou, é particularmente gutural. A maior parte das palavras que pronunciamos são formadas na garganta.

Já no idioma inglês, por exemplo, a maior parte das palavras que pronunciamos são formadas no céu da boca (palato) com o auxílio da língua e da parte de trás dos dentes da frente da arcada superior.

Você pode ler um trecho em inglês, em voz alta, usando sua garganta. Fica mais difícil e você raramente conseguirá evitar que sua língua se mova e toque seus dentes.

O inverso é quase impossível. Tentando falar português com a língua projetada atrás dos dentes, a maior parte das palavras sairá sibilante. E aí você encontrará a pista para corrigir uma pronúncia sibilante, quando seja esse seu problema. Puxe as palavras mais para dentro da cavidade bucal.

Aprenda também a respirar e a fazer pausas na hora certa para isso. Acima de tudo, não se esqueça, nunca, de jogar sua voz em direção à platéia.

Têm se tornado comuns as apresentações amparadas por projeções, em modernos sistemas de *data-show* gerados por computadores.

Antes se utilizavam retroprojetores com os quais os apresentadores ficavam sempre de frente para a platéia, projetando imagens às suas costas.

Agora, muitos apresentadores olham para a tela e lêem as mensagens projetadas.

Isso é uma coisa que nunca deve ser feita.

Para ler as projeções, ninguém precisa de um apresentador. Além disso, de costas para a platéia, o apresentador jogará sua voz para a tela. E muitos na platéia não ouvirão.

Quando usar projeções, olhe rapidamente para o que está na tela e volte a olhar para a platéia, antes de dizer qualquer coisa.

Em pequenos auditórios você pode até sugerir que participantes leiam, em voz alta, o que está projetado na tela.

Assim, você estará sempre de frente para a platéia.

E sua apresentação se tornará muito mais audível e muito mais profissional.

"Aureliano concebia os projetos
mais desatinados como
possibilidades imediatas,
realizava cálculos racionais
sobre custo e prazo
e os levava a cabo, sem intervalos
de exasperação" (*)

(*) Gabriel García Márquez em "Cem Anos de Solidão".

Garanta o sucesso de suas iniciativas

Qualquer que seja sua profissão ou área de interesse profissional; autônomo, empregado ou patrão, chefe ou subordinado, você pode garantir maior estabilidade, progresso e satisfação pessoal identificando, acessando, usando e desenvolvendo todos os seus talentos.

Eles podem ajudá-lo a conseguir colocações cada vez melhores, a progredir em seu emprego ou a ter sucesso em suas atividades pessoais e em seus negócios.

O motivo maior por trás das dificuldades encontradas pelas pessoas para conquistar, manter e progredir em um emprego, tanto quanto para triunfar em seus negócios e iniciativas particulares, não têm sido e não será a falta de conhecimentos técnicos ou operacionais específicos fornecidos pelas escolas tradicionais e cada vez mais disponibilizados pela explosão do conhecimento na era da informação.

O motivo maior por trás dos insucessos e frustrações das pessoas tem sido a falta de domínio e uso intensivo de todos os seus talentos.

O motivo maior por trás dos insucessos das empresas tem sido a pouca atenção dada à identificação e uso adequado e intensivo dos talentos de seus colaboradores.

Se você é um profissional autônomo, você pode garantir seu sucesso explorando sistematicamente todos os seus talentos.

Se você é um empregador, chefe ou gerente, você precisa identificar e mobilizar os talentos de todos os seus colaboradores.

No trabalho, cada um de nossos diferentes pólos de talentos exerce funções específicas.

Os talentos em ação no trabalho

Ouros mantém a curiosidade permanente sobre o ambiente, visualiza tendências, sonha, concebe atividades, inventa e inova.

Espadas analisa dados, mede, avalia, estabelece metas e prepara orçamentos.

Paus planeja, adota procedimentos, seqüencia ações, mobiliza recursos, organiza e controla.

Copas cria relacionamentos, persuade, estimula, envolve, orienta, treina e lidera.

Estrela confere refinamento e precisão a todas essas atividades.

Semente agiliza e dinamiza todas elas.

Equipes com representantes de todas essas áreas de talentos podem gerar uma fantástica sinergia para o sucesso, combinando adequadamente os talentos de cada um dos membros das equipes.

E quando você está sozinho, que fazer?

Lembre-se que você tem todos esses talentos dentro de você. Quando você está sozinho, pode mobilizar sua "equipe interna" para fazer com que cada um de seus pólos de talentos aja como um colaborador.

Isso será possível sempre que você trate de cultivar cada um de seus talentos, não deixando nenhum adormecido.

*

Com muita freqüência pensamos em utilizar nossos conhecimentos e talentos para criar valor para nós mesmos. Mas o grande segredo do sucesso é mobilizar nossos talentos para criar valor para nossos semelhantes.

Quando os outros sabem e reconhecem que você pode

contribuir para o sucesso ou felicidade deles, seu sucesso e sua felicidade estão assegurados.

Faça deste livro uma leitura de cabeceira, releia seus capítulos e dedique algum tempo todos os dias para fazer e refazer os exercícios propostos para treinamento e desenvolvimento de suas aptidões.

Você será um vencedor na Era do Talento.

O curso A Era do Talento

A apresentação deste livro vale o dobro de seu preço na forma de desconto para participação no curso **A Era do Talento**, promovido pela R.Miranda Formação Profissional, em sua sede em São Paulo em horário noturno, duas noites por semana, ao longo de três semanas ou em regime de imersão em fins de semana (16 horas) para atender, também, os alunos residentes fora de São Paulo.

Nesse curso você terá a oportunidade de conhecer e interagir com pessoas muito parecidas com você e com pessoas totalmente diferentes de você, para exercitar todas as suas aptidões em exercícios práticos em situações de trabalho e negócios, envolvendo reuniões e discussões em grupos de talentos combinados.

O roteiro do curso contempla:

Os talentos em ação no trabalho
Identificação de oportunidades e concepção de negócios
Desenvolvimento da criatividade
Avaliação de oportunidades / tomada de decisão
Desenvolvimento do raciocínio lógico
Planejamento de ações e organização
Desenvolvimento da disciplina
Implementação e sustentação de projetos
Desenvolvimento do dinamismo
Desenvolvimento de equipes, motivação e liderança
Desenvolvimento das habilidades de relacionamento

SUA OPINIÃO É DE GRANDE VALOR PARA NÓS!

Seus comentários sobre este livro podem colaborar para que todas as futuras edições da BookMídia atendam cada vez mais e melhor as necessidades e interesses de nossos leitores.

Entre em contato conosco através do Correio, Fax. ou e-mail emitindo sua opinião sobre este livro e informações sobre suas áreas de interesse.

Nome: ____________________

Profissão: ____________________

Empresa: ____________________

Cargo: ____________________

Tel. : ( )__________ e.mail : __________

____

Ref. A Era do Talento

OPINIÃO

Que nota você dá a este livro?

1	2	3	4	5	6	7	8	9	10

BookMídia Editora

Rua Cubatão, 929 / 1º andar / 04013-043 / São Paulo

bookmidia@uol.com.br

Tel. (11) 5081.7991 (PABX)